Rolf Schneider
Leben
in Wien

Carl Hanser Verlag

1   2   3   4   5   98   97   96   95   94

ISBN 3-446-17847-3
Alle Rechte vorbehalten
© 1994 Carl Hanser Verlag München Wien
Satz: LibroSatz, Kriftel
Druck und Bindung: Friedrich Pustet, Regensburg
Printed in Germany

Leben in Wien

Annäherung '82

1 Ich komme mit dem Automobil. Ich fahre auf der Europastraße 84, über Znojmo, das einmal, in den Dämmerungen einer abgestorbenen Geschichte, Znaim geheißen hat. Dieser Name vermag in den Augen alter Österreicher mit böhmisch-mährischen Familienhintergründen ein sonderbares, ein mir nicht verständliches Leuchten zu erzeugen. Znaim, ach das gute Znaim! höre ich sie rufen in meiner Erinnerung, während ich an Industrieschornsteinen vorüberfahre, an Autobushaltestellen und an schmutzigen Alleebäumen.

Ich fahre zum Grenzübergang Hatě. Er ist ein zufälliges Ensemble aus Baracken, Wachtürmen und leerem Land. Ich stehe eine halbe Stunde in der Sonne, vor einem geschlossenen Schlagbaum, zusammen mit einem Wagen aus Belgien, einem aus Polen, einem aus Wien. Tschechische Grenzsoldaten blinzeln ins Leere. Im Radio sendet eine österreichische Station süßliches Geplapper zu honigsüßer Musik. Aus dem wasserhellen Himmel fallen Schwalben. Einer von den Grenzsoldaten krault den Schäferhund.

Die Schranke hebt sich, ich kann hinfahren zum nächsten Check. Der Offizier will bloß wissen, ob ich noch tschechische Kronen besitze. Das Abstempeln des Passes braucht seine Zeit. Hinterm nächsten Schlagbaum ist schon Österreichs Kleinhaugsdorf.

Ein älterer Zöllner, er ist ein wenig schneidig, er ist ein wenig schmuddelig, er beäugt mich über einen Schnurrbart hinweg, der mir irgendwie magyarisch vorkommt. Der Zöllner fordert von mir einen bezahl-

ten Steuerschein. Dafür braucht man Stempel, so heißen in Österreich die Behörden-Wertmarken, die man
bloß beim Trafikanten kriegt, und ein Trafikant ist ein
Tabakwarenhändler. Jener einzige von Kleinhaugsdorf
hält sein Geschäft geschlossen. Ich einige mich mit
dem schnurrbärtigen Zöllner auf einen Witz über die
Preußen, da läßt er mich weiterfahren.

Kornfelder. In Wiesen stehen hellbraune Kühe. Die
Dörfer wirken mürrisch und wie unbehaust. Manchmal, am Dorfrand, ein Herrensitz, barock, blinde Fenster, zerbröckelnde Umfriedungen, aus Simsen und
Dächern wächst Moos. Amtliche Gebäude haben Mauern von stumpfem Gelb. In offenen Türen von Wirtshäusern stehen ärmlich gekleidete Leute, aus weinblö-
den Augen blicken sie meinem Wagen hinterdrein.

Tristesse wächst aus dieser Landschaft, das lustige
Rebgrün mag daran nichts ändern. Ich fahre auf
schmalen, geraden, todtraurigen Asphaltbändern
durch eine Topographie von östlich-slawischer Ver-
schlossenheit. Ich denke zurück an das slawische Böhmen, durch das ich einen Tag lang gefahren bin, ein
üppiges Land und ein farbiges Land, farbig wie die
Musiken des Nationalkomponisten Smetana und üp-
pig genug, daß der barocke Kaiser zu Wien einen der
längsten und blutigsten Kriege Europas, den Dreißig-
jährigen, um den Besitz dieses Juwels geführt hat. Der
Krieg begann in Böhmen, dort befanden sich seine
wichtigsten Schauplätze, sein wichtigster Inhalt ist
Böhmen geblieben, und er endete damit, daß Böhmen
bei Habsburg blieb.

Mit Müll und trostlosen Funktionsgebäuden greift
die Hauptstadt Wien nach Niederösterreich hinein.
Am bräunlichen Himmel, in einer giftigen Aureole aus
Abgas und Abendlicht, sehe ich die Umrisse der UNO-
City von Wien: skyscraper-Architekturen aus kno-

chenkahler Helligkeit. Ein räudiger Hund pißt gegen
einen Laternenpfahl. Ein betrunkener Mann deutet in
ein leeres Stück Himmel. Das Ortseingangsschild erzählt mir in schwarzen Buchstaben, daß ich mich in
Wien befinde. Ich bin seit Stunden nirgendwo anders
gewesen.

2 Wien lebt in einer Spannung, die aus den Polen Tod
und Lüge bezogen wird. Wien flüchtet in die Lüge
aus Angst vor dem Tod. Wien vergöttert den Tod und
belügt sich am inständigsten eben damit. Einer der
ersten Sänger und Dichter, von deren Auftritt am Wiener Hof der Babenberger wir wissen, war Walther von
der Vogelweide. Er schrieb das große Versgedicht von
Frau Welt, jener majestätisch geschminkten Hure, deren Rücken von Würmern zerfressen wird: Es ist eine
barocke Vision, vierhundert Jahre bevor das Barock
stattfindet und in Wien untilgbare Spuren hinterläßt,
solche der gekünstelten Lebenslust, solche des artifiziellen Todes. Unentwegt nagen die Würmer. Sie fres-
sen sich durch Nußbaum und Palisander des Wiener
Biedermeier, und ihre Spuren, echte oder imitierte, bestimmen heute die Exponate von Antiquitätengeschäf-
ten der Dorotheergasse im Ersten Bezirk.

Eines der fröhlichsten Barockmonumente Wiens ist
die Pestsäule am Graben. Das größte Theaterspektakel,
das einem Burgschauspieler widerfahren kann, widerfährt seiner Leiche: In einem der Fronleichnamspro-
zession nachempfundenen Ritual wird sein Sarg rund
um das Theaterhaus getragen, das gesamte Ensemble,
ach: Sterbliche allzumal wie er, geht hinterdrein, auf
der Ringstraße drängen sich die Gaffer und schweigen

gerührt, in der Mitte dieses Rituals steht wie ein Tempel der Neoklassizismus eines Bauwerks aus weißer steinerner Kälte, sein wichtigster Ausstatter war einer der schwülen Erotiker unter den Kunsterneuerern Wiens vor drei Generationen: Gustav Klimt.

3 Aus den Bäumen am Fuß des Kahlenbergs fallen kleine Zecken auf die Menschen herab und verursachen Meningitis. Die Zeitungen sind voll von Schreckensnachrichten, die Spitäler sind voll von Erkrankten. Ich wohne in einem kleinen Hotel neben dem Graben. Wenn ich es verlasse, gehe ich an einer metallenen Plakette vorbei, die mir mitteilt, daß in diesem Hause auch Franz Kafka, Max Brod und Peter Altenberg gelebt haben. Ich gehe zur anderen Straßenseite. Der Reinthaler Wirt öffnet sein Beisel. Er stellt die Schiefertafel mit den Namen und Preisen der Mittagsgerichte neben die Tür. Im Inneren des Beisels ist es düster. Die Möbel sind abgenutzt. Es riecht nach Tabak, saurem Wein und altem Bratenfett. An einem Tisch sitzt ein zerlumpter Mann vor einem Viertelliterglas, er lacht aus todtraurigen Augen.

Ich gehe über den Kohlmarkt bis zur Hofburg. Im Volksgarten spazieren steife Frauen, sie führen unnatürlich kleine Hunde an der Leine. Ich überquere die Ringstraße. Ich gehe am Rathaus vorbei. Die Stadt fängt zu stinken an, nach dem Urin der Fiakerpferde, nach dem Wasser der Sprengwagen, nach von Abgasen vergifteten Lindenblüten. Ich gehe bis zur Florianigasse. Ich gehe gegen Staub, weiße Sonne und die allmählich wachsende eigene Ermüdung schräg gassenan. Die Auslagen der Trödelläden sind verstaubt. Münzen, alte Plaketten, Briefmarken, Zeitungen, die Accessoires uralter Uniformen. In den Fenstern gelber Fassaden kleben Köpfe und Oberkörper zahnloser Greisinnen. In den Winkeln zwischen Pflaster und Mauersockel trocknet Hundekot. Die Drähte der Straßenbahn zerschneiden den Himmel.

Ich gehe links in die Skodagasse hinein, dann in die Albertgasse. Ich gehe einen hundertmal gegangenen Weg, ich werde älter dabei, mit jedem meiner Schritte lasse ich Tage und Wochen hinter mir, Schneeflocken flattern in meine Erinnerung, aus einer uralten Bäckerei quillt der Geruch von warmem Sauerteig, als ein übermächtiger Atem. Ich stehe vor einem Haus. Irgendwann, ich weiß die Zeit nicht mehr, ich weiß den Anlaß nicht mehr, habe ich dieses Haus betreten, ich habe mit jemandem geredet, ich habe mit ihm serbischen Slibowitz getrunken. Ich gehe in den Hausflur. Ein schmutziger Kinderball rollt vor meine Schuhe. Ich gehe die Stufen hinan bis zum Zwischengeschoß, dem Mezzanin, ich suche die Namensschilder an den Türen ab, in der sinnlosen Hoffnung, etwas Vertrautes zu lesen und meiner tauben Erinnerung damit aufzuhelfen. Türen klappen zu und erzeugen ein diffuses Echo.

Draußen ist Abend. Ich gehe zur Lerchenfelder Straße. Die Josefstadt ist das Quartier, in dem ich leben könnte, denke ich, und niemals versäume ich es, sie aufzusuchen, und bei jedem Besuch stürzen mir die Eindrücke vergangener Besuche entgegen wie Geröll von einer Berghalde. Ich gehe an schräg gegen den Rinnstein geparkten Automobilen vorbei. Im Halbdunkel einer Kellerwerkstatt bewegt sich zyklopenhaft ein Handwerker. Ich kehre zurück in die Innere Stadt. Auf dem Graben sind Straßenmusikanten aufgezogen. Vor einer Passage steht ein baumlanges Mädchen mit einer Gitarre, sie singt derart laut, daß die Leute erschreckt stehenbleiben und ihre Gespräche unterbrechen. Der Eingang zu meinem Hotel ist mit steinernen Blumenkübeln verstellt. In der Rezeption steht ein Portier, den ich noch niemals gesehen habe. Ich muß lange unterwegs gewesen sein, einen Tag vielleicht, ein Jahr vielleicht, Zeit ist ein mystisches Argument in Wien, und alle Uhren sind Betrüger. Der Reinthaler Wirt auf der anderen Straßenseite existiert nicht mehr. An seiner Stelle gibt es jetzt eine teure Fassade mit der Aufschrift *Tea for two*.

4 Die österreichische Hauptstadt Wien liegt ausgegossen in eine Niederung, die in prähistorischer Zeit der große Fluß auswusch. Das Gebirge, es sind die Alpenausläufer des Wienerwaldes, wurde erst spät ins Weichbild einbezogen. Die schönsten Bauten Wiens sind die frühbarocken Stadtpaläste der Hocharistokratie. Ihre schmalen und unauffälligen Fassaden in der Herrengasse sagen nichts aus über die graziöse Anmut der Höfe, die aber gesperrt sind oder verstellt von parkenden Automobilen, oder sie verkommen. In der Struktur hat der Erste Wiener Gemeindebezirk, das ist die Innere Stadt, noch seinen vollkommenen und unangetasteten spätmittelalterlichen Grundriß. Er konstituiert alle jene Gassen mit den unverwechselbaren alten Namen, nur die Gesichter dieser Gassen wurden zerstört, nicht erst heute, schon zur Jahrhundertwende, da man die historisch gewachsene Civitas mit den baulichen Zeichen von Börsenschwindel und Bankenprotz versehrte. Auch das ist nun fast wieder historisch, minderer Jugendstil, Gründerschnörkel im mo-

netären Glanz der Creditanstalt. Inzwischen hat sich eine Untergrundbahn vom Stephansplatz zu den Rändern der Inneren Stadt gefressen. Die Kärtner Straße, einstmals Verbindungsweg vom Zentrum zu einem westlichen Stadttor, ist mit Steinplatten ausgelegt, stellt weißes Stahlrohr auf und weißen Kunststoff im nachempfundenen Stil südländischer Piazzen. Neon flimmert und verdrängt die rührende Fassade des Palais Esterházy.

Lügen um Lügen. Wien lag nicht an der Donau, einem Fluß von niemals blauem Gewässer, und erst als die Lüge der berühmten Walzertextzeile aufs koketteste eingestanden wurde, begann es an der Donau zu liegen, vermittels der Eingemeindung des Proletariervororts Floridsdorf. Die Textzeile selber ist nicht echt und ursprünglich, der lustige Johann Strauß-Sohn, der in Wahrheit ein schwerer Hypochonder war, komponierte zuerst die Worte *Wiener seid froh! Oho! Wieso?*, und diese Frage war durchaus berechtigt, denn man schrieb das Jahr 1866, und gerade hatten die Österreicher ihren Krieg gegen die Preußen verloren. Wahr ist außerdem, daß dieser triumphalste aller Wiener Walzer die plebejische Herkunft des Tanzes endgültig abstreifte, und so konnte nun, in einem gespenstischen Zirkelschluß, die Opernwelt Mozarts damit okkupiert werden: Das Resultat hieß *Der Rosenkavalier*, war von einem Bayern komponiert, wurde im sächsischen Dresden uraufgeführt und gilt seither als österreichischste aller Opern. Sie zelebriert die Apotheose des Walzers, den es zu der Zeit, die das Libretto vorschreibt, überhaupt noch nicht gab.

5 Einmal las ich in einem Wiener Boulevardblatt, ein örtlicher Galerist lege eine neue Radierung von Ernst Fuchs auf, er lade ein zur Subskription. Ich machte mich auf den Weg. Der Galerist wohnte am Getreidemarkt, in einem ausladenden Mietshaus aus der Gründerzeit. Der Aufzug funktionierte nicht, vielleicht war er auch bloß für Eingeweihte benutzbar, zu denen ich nicht gehörte. Ich mußte die einzelnen Stockwerke zu Fuß erklimmen und kam dabei an viel verschnörkeltem Gußeisen vorüber.

Die Galerie befand sich unterm Dach. Sie war in einer geräumigen Acht-Zimmer-Wohnung untergebracht. Der Galerist erwies sich als ein älterer, etwas verwachsener Mann, wir redeten miteinander, und derart erfuhr ich, daß er Jude war und ein ehemaliger Kommunist. Er hatte eine Zeitlang für Komintern und Kominform gearbeitet, dann hatte er von der Sache gelassen. Statt wie bisher mit den Ideen der roten Weltrevolution handelte er nunmehr mit moderner Kunst.

Ich war damals heftig fasziniert von der gesamten malerischen Moderne in Wien und wollte ein paar einschlägige Blätter besitzen. Der Subskriptionspreis für die neue Fuchs-Radierung betrug, erinnere ich mich, 2000 Schilling, das war sehr viel Geld für mich. Ich wollte den Preis herunterhandeln, aber das mißlang. Ungerührt versicherte mir der Galerist, er werde die Auflage mühelos zum vollen Preis los, und tatsächlich klingelte fortwährend das Telefon, Leute wollten eine Auskunft oder gaben Bestellungen auf. Ich hinterlegte seufzend den geforderten Betrag und empfing dafür eine Quittung.

Ernst Fuchs ist seit längerem einer der bekanntesten lebenden Maler von Wien und unter ihnen der geschäftlich gewiß erfolgreichste. Er ist aus kleinen Verhältnissen gekommen. Sein Vater hat ein Altwarenge-

14

schäft am südlichen Rande von Wien geführt, dort kaufte und verkaufte man Eisen, Papier und Lumpen, die in Wien Hadern heißen. Man muß sich einmal in diesem Milieu bewegt haben, um ermessen zu können, was einem dabei widerfährt: eine Welt aus Schmutz, Unverhofftheiten und beschädigten Wundern. Fuchs hat einbekannt, wie beträchtlich der Einfluß des väterlichen Milieus für ihn gewesen sei. Er erzählt von einem Schuppen, in dem Kunstdrucke und Bildbände gestapelt waren. Er habe darin geblättert. Er habe sich damit einer bestürzenden Flut von Eindrücken ausgesetzt. Farben, Phantastisches, Unbegreifbares. Alle seine späteren Vorlieben für Metall, für Gravüren, für Heraldik, für Papiere und Holzschnitte seien ein Gewächs, dessen Wurzeln zurückgriffen in den Trödelladen seines Vaters.

1938 wurde das bis dahin selbständige Österreich unter dem Namen Ostmark Bestandteil von Adolf Hitlers Großdeutschem Reich. Ernst Fuchs ist jüdischer Herkunft. Für sechs Jahre unterstand er den diktatorischen und blutigen Drohungen der Nürnberger Rassengesetze. Wer dies einmal erlebt hat, wir wissen es aus anderen Lebensläufen, wird die dabei erworbenen Ängste nie mehr völlig los. Kommt hinzu, daß Wien eine alte antisemitische Grundierung hat. Hitler lernte seinen Rassenwahn im Schatten von St. Stephan. Einschlägige Gefühle waren mit der Proklamation der zweiten Republik Österreich nicht automatisch dahin.

Ernst Fuchs hat als Kind mit dem Zeichnen angefangen. Er hat schon sehr bald als Wunderkind gegolten. Sein entscheidender Lehrer wurde das manieristische Universalgenie Albert Paris Gütersloh. Gemeinsam mit vier anderen, Hutter, Hausner, Lehmden und Brauer, konstituierte Fuchs eine Wiener Schule des Surrealismus zu einer Zeit, da man nirgends in Westeuropa von gegenständlicher Malerei etwas wissen wollte.

Die fünf betrieben ein avantgardistisches Cabaret, *Der Strohkoffer*, wo Jazz und Lautgedichte vorgetragen wurden, und an den Wänden hingen ihre surrealistischen Bilder. Die fünf hockten in den schaurigen Beiseln der Inneren Stadt, hatten ihre heftigen und schmerzlichen Liebschaften und kokettierten volltrunken mit dem Tode. Gegen Ende der fünfziger Jahre kam die informelle Malerei aus der Mode. Dies war die langersehnte Stunde der fünf. Plötzlich sahen sie sich in den europäischen Ruhm katapultiert. Ihre Bilder, die eben noch niemand hatte kaufen wollen, erzielten plötzlich fürstliche Preise.

Die fünf verzankten sich. Jeder hatte nun seinen eigenen Kreis aus Schülern, Bewunderern und Parasiten, und reichlich floß immerzu der Heurige. Ernst Fuchs stilisierte seine Existenz, seine äußere Erscheinung, er konvertierte vom jüdischen Glauben zum Katholizismus, er kleidete sich in einen Kaftan, setzte sich einen kosakenartigen Hut auf den Kopf und ließ sich einen schönen Vollbart wachsen: Mischung aus Oberrabbi, Athos-Mönch und assyrischem Sterndeuter. Er kaufte sich im 14. Gemeindebezirk eine Villa, deren Erbauer der berühmte Wiener Sezessions-Architekt Otto Wagner gewesen ist. Ernst Fuchs teilte auf diese Weise unverhohlen mit, in welcher Tradition er sich sieht und wo der kunsthistorische Platz ist, den er beansprucht.

Hat er ein Recht darauf?

Ihm ist etwas Seltenes gelungen: als Künstler in Wien am Leben und gleichwohl sehr berühmt zu sein. Der Regelfall ist, daß erst der Augenblick des Ablebens den Eintritt in die kulturgeschichtliche Prominenz bewirkt. Es scheint, als könne Fuchs wider alle äußerlichen Beweise an sein privilegiertes Schicksal nicht glauben, so daß er es sich immer wieder durch hektische Betriebsamkeit bestätigen muß. Seine Produktivität ist beängstigend. Immer häufiger verlegt er sich auf Dinge, deren einziger Zweck der materielle Umsatz ist. Er veranstaltet preziöse Feste. Dumme Klatschpublizisten tummeln sich ständig in seiner Nähe: damit ständig sein Name gedruckt wird. Vielleicht wohnt in ihm die Angst des jüdischen Kindes, das den plötzlichen Verlust und die anschließende Verfolgung kennt. Vielleicht wohnt in ihm die untilgbare Erkenntnis, daß alle Kunst, gute und mindere, im Schuppen eines Trödelhändlers enden kann. Das außerordentliche Talent des Ernst Fuchs ist durch ständige Abnützung immer gewöhnlicher geworden. Hinter lauter aus Wiener Ängsten und Gewöhnungen gemachten Masken ist der eigentliche Ernst Fuchs nicht mehr zu erkennen. Er ist Wien geworden.

Die subskribierte Graphik, die ich in der Galerie am Getreidemarkt erworben habe, trägt den Titel *Waldidyll*. Schwarz auf grün zeigt sie eine üppige weibliche Aktfigur, die von einem lüstern grinsenden Tod *a tergo* umarmt wird. Der Akt ist anatomisch verzeichnet. Hätte ich vorher gewußt, wie das Blatt aussieht, hätte ich es nicht gekauft.

6 Die lebendigste Figur von Wien scheint immer noch der alte Kaiser Franz Joseph zu sein, ein Monarch, der im Jahre 1848 gekrönt wurde und mit sechsundachtzig Jahren starb. Es wird von ihm gesprochen wie von einem ehrfürchtig geliebten Vater. Es wird über ihn geredet, als wirke er noch in der

Hofburg. Bei Führungen durch die ehemaligen Kaisergemächer wächst der Eindruck, Franz Joseph habe diese Räume eben erst verlassen, und in zwei Stunden werde er zurück sein. Man erfährt seine Angewohnheiten, seine privaten Lebensumstände, seine Familiendinge im Ton heiterer Gegenwärtigkeit, man erfährt sie nicht nur bei Führungen in der Hofburg, denn jedermann in Wien scheint davon zu wissen. In den Souvenirgeschäften stapeln sich Porzellanwaren mit dem Bildnis Franz Josephs, es gibt zahllose Postkarten-Editionen mit dem Bildnis Franz Josephs, es gibt viele Bücher über ihn, seine Familie, seine Zeit.

Dabei war er nichts als ein zänkischer und einigermaßen dummer Autokrat. Die Revolution von 1848, die in Wien explosiver und radikaler verlief als in anderen europäischen Städten, ließ er blutig liquidieren. Die ungarische Autonomie walzte er mit Hilfe des russischen Zaren nieder. Seine Kriege verlor er, ebenso seine Familie, und der letzte Krieg, den er auslöste, war der von 1914, mit dem die österreichische Großstaatlichkeit für immer dahin war.

Sein Grab liegt inmitten der Altstadt, in der Gruft der Kapuzinerkirche. Wenige Schritte vom Eingang entfernt befindet sich ein Geschäft für Scherzartikel und Zauberdinge. Ich kaufe eine Spieluhr mit dem Bilde des Kaisers Franz Joseph. Ich ziehe sie auf. Die Uhr beginnt mit spitzen Tönen den Kaiserwalzer von Johann Strauß zu spielen. Mitten in einer Phrase bricht die Melodie ab, unvermittelt, kläglich und fragend.

7 Der Gürtel ist die große Umgehungsstraße an der Stelle der zweiten, der äußeren Befestigungsanlage der Stadt. Wie Perlen an einer Schnur sind an ihm aufgereiht die U-Bahnhöfe des Sezessionsarchitekten Otto Wagner. Der Gürtel zerschneidet den dritten Wiener Gemeindebezirk, Landstraße. Der stadtauswärts gelegene Teil ist weitläufig, schmutzig, ein Distrikt der Industrieschornsteine, der grauen Zinskasernen und der Militärunterkünfte.

Stadteinwärts ist Wien III. ein nobles und geheimnisvolles Quartier. Unweit neben der Ringstraße gibt es ein Geflecht aus kleinen Gassen, die wie herausgenommen scheinen aus einem Pariser Kleinbürger-Arrondissement. Es gibt Villen in artifiziellen Gärten, mit gläsernen Veranden, an denen noch die Spiegelbilder weißgekleideter Aristokratinnen der Jahrhundertwende hängen. Der Rennweg ist eine lärmende und schmutzige Ausfallstraße, er ist ältester geschichtlicher Boden, denn genau hier verlief die Hauptstraße des römischen Vindobona. Am Rennweg stehen ein paar bedeutende Palais: das Metternich, heute ist es eine Botschaft; das Belvedere, Schloß- und Parkanlage des Prinzen Eugen von Savoyen. Zur Erinnerung an seine militärische Vergangenheit müssen die Dächer des Schlosses die Formen barocker Feldherrenzelte imitieren.

Belvedere ist viel anmutiger, viel übersichtlicher als das riesige Sommerschloß der Habsburger in Schönbrunn. Vom ersten Stockwerk des Belvedere, umgeben von Bildern Gustav Klimts mit ihrer eingefrorenen Sinnlichkeit, am Fenster, habe ich die Stadt zu Füßen, eine reglose Ansammlung von Dächern, Ästen, Baumgrün, Türmen, Hügelsilhouetten, der Himmel ist föhnblau, ich bin weit fort von den Ambientes der niederdeutschen Geographie, die mein tägliches Leben sind, wo es solche Himmel nicht gibt, hier ist der Balkan nahe, Wien ist eine slawische Metropole, gemacht aus barockem Zierat und barocken Gebärden, beim Blick aus diesem Fenster ist Wien von bestürzender Schönheit.

8 Der wahrhaftigste literarische Text, der jemals über Wien geschrieben wurde, abbildend die Sprachlügen, die Kunstlügen, die Lebens- und Todeslügen dieser Stadt, heißt *Geschichten aus dem Wiener Wald*. Er stammt von Ödön von Horváth, einem Ungarn, der in Bayern aufwuchs.

Horváths Gestalten sind unsterblich. Sie hocken mit steinernen Gesichtern in den Wirtshäusern. Die Münder der Gäste gehen auf, lassen in kleinen Mengen Wein oder Bier oder Bissen von Billiggerichten ein, sie lassen Worte heraus, endlose Klagen, düstere Anekdoten, verbale Reflexe von etwas, das Schicksal heißt, das eigene oder das fremde, die Reflexe verenden auf den Fußböden mit ihrem Schlamm, der aus Straßenkot, Tabakfäden und verschüttetem Alkohol besteht. Im Anblick dieser ruinösen Verkünder sinnloser Lebenslügen wird Wien dann wahr. Es ist eine Wahrheit, zu der sich die Stadt kaum bekennt und die unübersehbar ist. Draußen blüht Modergeruch in den Gassen, deren Verfall unaufhaltsam scheint. Schon die Gassen des Ersten Bezirks scheinen befallen von Mykosen, kein Reklamelicht und kein farbsüchtiges Konsumplakat decken dies zu.

Jenseits der Ringstraße kann das alles noch offener und ausschließlich werden. Die Wienzeile ist eine graue Doppelstraße, der Naschmarkt in der Mitte mit seinen Blumenständen stiftet mühselige Farben, die ausgleiten in schillernde Lachen auf dem Pflaster. Zwischen Dolden und bunten Stengeln stehen die faltigen Gesichter, die glanzlosen Augen der Händlerinnen. Mauerputz löst sich von den morosen Biedermeierfassaden und klatscht auf den Asphalt. Auf der Wienzeile wurde die Arbeiterzeitung verfertigt, zu Zeiten der Doppelmonarchie war sie das brillanteste Tageblatt ganz Österreichs, viel besser als die berühmte Neue Freie Presse, die in Wahrheit genau so war, wie es Karl Kraus immer behauptet hat. Die Neue Freie Presse gibt es nicht mehr, und die Arbeiterzeitung ist heruntergekommen und dann verschwunden.

Wenn einer wissen will, wie im alten Österreich sich Lebenslüge und Kunstlüge bis zur Unentwirrbarkeit durchwuchsen, so braucht er sich nur den Mitarbeiter der Neuen Freien Presse, Felix Salten, zu besehen, dem drei unvereinbare literarische Existenzen zur Verfügung standen. Von Salten stammen geschliffene Beiträge belletristischen und politischen Inhalts für das Feuilleton der NFP. Von Salten stammt die überaus rührende Geschichte des zarten Rehs Bambi. Von Salten stammen die Memoiren der Josefine Mutzenbacher, zunächst anonym erschienen, denn sie waren die drastischste Pornographie, welche zu jener Zeit in Wien gehandelt wurde. Das anonym verfaßte Buch war gleichwohl das wahrhaftigste unter allen Büchern des Felix Salten. Die Geschichte des Freudenmädchens aus dem Proletariermilieu läßt sich heute noch abrufen. Die Schwestern der Mutzenbacher huschen mit bleichen Gesichtern und schattigen Augen die Wienzeile hinab, es ist Dämmerung, sie streben ihren abendlichen Zielen zu, aus dem Boden steigt wie in Schwaden Fäulnisgeruch, hier rann einst ein Fluß, die Wien, er wurde abgeleitet, er sickert irgendwo einem Donau-Arm entgegen.

Wien, einstmals die Hauptstadt des Heiligen Römischen Reiches Deutscher Nation, ist das Architektur gewordene Denkmal von dessen Auflösung. Es gibt das Reich nicht mehr. In Wien wird begreifbar nicht warum, aber daß es geschehen mußte: Es geschah in der Logik eines Jahrhunderte währenden Schauspiels über das barocke Thema der Vergänglichkeit. Der Regisseur des vorletzten Aktes hieß Adolf Hitler. In Wien fand er seine entscheidenden Lehrer und Lehrmeister. Das alles ist nun schon vierzig und siebzig Jahre her. Wien ist eine ständig schrumpfende Riesenstadt, deren höchste Bevölkerungsziffer aus dem Jahre 1913 stammt. Das Bewußtsein, wie sehr die Größe und Bedeutsamkeit dieser Stadt von unaufhaltsamer Reduktion bedroht ist, schien eine zeitlang alle Gesichter zu prägen.

Vor kleinen habbaren Verfallsgeschichten hebt sich an den Abenden der Vorhang in den Theatern. Die Autoren tragen die Namen Schnitzler oder Hofmannsthal oder Nestroy oder Bernhard. Ist der Vorhang gefallen, hasten wie in panischer Angst die feinen Leute zu ihren parkenden Automobilen, weiße lächelnde Gesichter über Gold, Perlen, schwarzen Krägen. Die Geschöpfe aus Tod und Lüge sind die Lemuren. Die Automobile rollen davon. Die Straße gehört wieder den Betrunkenen.

9 An einem kaltnassen Wintertag fliege ich nach Wien zur Beerdigung des österreichischen Schriftstellers Friedrich Torberg, der mein Freund gewesen ist. Die Nachricht von seinem Tode ist sehr überraschend gekommen. Noch eine Woche zuvor hatte ich mit ihm telefoniert. Er war da wie immer voll des

graziösesten Spotts gewesen, und bloß sehr nebenher ließ er mich wissen, daß er sich in ein Krankenhaus begeben werde, um einen überaus nebensächlichen Eingriff an sich vornehmen zu lassen. Er ist, wie ich später erfahren werde, aus der Narkose nicht wieder erwacht. Es ist ein gnädiger Tod gewesen.

Im Gepäck die übliche Kleidung aus schwarzem Tuch und ein von einem märkischen Dorfgärtner verfertigtes Trauerbukett, fliege ich von Berlin-Schönefeld nach Wien-Schwechat. Auch dort sind Schnee und Regen, mehr Regen als Schnee. Ich fahre mit einem Taxi in der Begleitung eines vergrippten Taxi-Chauffeurs in die Innere Stadt. Wir fahren an der langen Mauer des Wiener Zentralfriedhofs mit den vielen Toren vorbei. Ich denke daran, daß ich morgen durch eines dieser Tore werde gehen müssen.

Ich denke daran, daß eine meiner ältesten Vorstellungen von Wien mit einer Filmeinstellung auf diesem Friedhof zu tun hat. Die Einstellung gehörte zu *Der dritte Mann*, geschrieben von Graham Greene und gespielt von Orson Welles. Zweimal, zu Filmbeginn und zum Filmende, sieht man die schöne Schauspielerin Alida Valli eine zentrale Allee dieses Friedhofs hinabgehen. Der Rest der Geschichte spielt dann in Wien, der Stadt. Sie besteht vorwiegend aus dem Riesenrad im Prater, aus vielen geschwärzten Kriegsruinen und lauter bösen alten Leuten. Dazu wird enervierend auf der Zither gespielt. Eine kleine Szene hat als Schauplatz das Café Mozart neben dem Hotel Sacher.

Das Mozart hält wieder geöffnet, nachdem es ein paar Monate geschlossen gewesen war, um neu hergerichtet zu werden. Ich kann von Signien einer Neuherrichtung nichts erkennen. Das Mozart ist kalt und düster geblieben, wie es immer war. Ich esse eine heiße Suppe, ich trinke Wein. Ich betrachte mir die anderen

Gäste. Sie lesen in einer Zeitung oder starren, wie ich, teilnahmsmüde neben sich. Es sind ausnahmslos alte Leute. Es ist alles genauso wie in Graham Greenes Film *Der dritte Mann*.

Ich denke an meinen toten Freund Friedrich Torberg. Einmal hat er mich in ein böhmisches Gartenrestaurant im Prater eingeladen, zu gebackenem Karpfen und Pilsner Bier, und ich bestaunte, wie er mühelos mit dem Wirte tschechisch sprach. Aber eigentlich war da kein Anlaß zur Bewunderung, denn er stammte aus Prag, er war dort aufgewachsen, er war in Prag an der Matura gescheitert und hatte darüber einen Roman verfaßt, mit dem er gleich sehr berühmt wurde, *Der Schüler Gerber*. Max Brod hatte ihn in die lebendige deutschsprachige Belletristik eingeführt, und die tägliche Praxis des Schreibens hat er bei einem Prager Tageblatt erlernt. Er war sehr sportiv. Er gehörte zu einer offenbar erfolgreichen Wasserballmannschaft, und ich habe es noch miterlebt, wie ehemalige Klub-Kameraden, nun schon sehr alte Herren, ihn aufsuchten, um tränenfeuchte Erinnerung mit ihm zu tauschen.

Die wichtigsten Jahre seines Lebens wurden ihm durch Adolf Hitler beschädigt, denn statt mit der ruhigen und peniblen Herstellung von epischen Geschichten befaßte er sich mit dem militanten Antifaschismus, als Soldat in Uniform, als Verfasser von Artikeln in Emigrantenblättern, als Schreiber von Auftragsarbeiten in der Filmstadt Hollywood, denn von irgendwas mußte er auch leben. Die Militanz jener Jahre trug er dann unverändert in den Nachkrieg, der, wie erinnerlich, schon bald ein Kalter Krieg geworden war. Witzig ist Torberg dabei allemal geblieben, aggressiv auch, ich hätte damals nicht mit ihm zu tun haben mögen, aber als ich ihn das erstemal sah, war der Kalte Krieg vorbei.

Er hat den zweiten großen literarischen Erfolg seines Lebens erst wieder gegen dessen Ende gehabt, mit einem Buch, das *Die Tante Jolesch* heißt. Der Untertitel lautet *Der Untergang des Abendlands in Anekdoten.* Es handelte sich bei diesen Anekdoten ausschließlich um solche aus dem austriakisch-jüdischen Milieu, ihre Inhalte sind alle als realistisch verbürgt, ihre Pointen sind umwerfend, und der Untergang, den sie präludieren, ist schrecklich, denn es ist jener in den Krematorien von Auschwitz und Birkenau. Friedrich Torberg war ein Jude von streitbarer Gesinnung und schneidendem Stolz. Es existiert eine Torberg-Anekdote, die er selbst niemals erzählt oder aufgeschrieben hat, und damit sie nicht in Vergessenheit gerät, will ich sie hier mitteilen: Er war einmal Gast auf einem Diplomaten-Empfang. Ein nordischer Attaché, offenbar Kenner eines dänischen Biers namens Tuborg, fragte ihn: Bitte, Herr Torberg, Ihr Name klingt so nordgermanisch, kommen Ihre Vorfahren vielleicht aus Skandinavien? Torberg: Ja. Mein Urahn war Schiffsrabbiner bei den Wikingern.

Am nächsten Morgen hat der Schneeregen nicht aufgehört. Ich gehe ein wenig in der Stadt umher. Das Wasser rinnt mir aus den Haaren. Ich kaufe mir einen Regenschirm. Ich besuche Freunde, Thema ist selbstverständlich die Torberg-Beerdigung. Mit jener besonderen Intim-Beziehung der Wiener zum Tode wird gesagt, dies sei eine der Beisetzungen, wo, aufgrund des Wetters, die nächsten Beisetzungen gleich vorprogrammiert würden.

Gegen Mittag fahre ich mit einem Taxi zum Zentralfriedhof. Der Regen hat sich verstärkt. Das Taxi hält neben einem Übertragungswagen der österreichischen Television. Ich gehe durch das Tor. Ich bin einer der ersten Kondolenten. Ich entdecke, daß Friedrich Torbergs Grab neben jenem von Arthur Schnitzler liegen wird. »Gelt«, sagt triumphierend Marietta, Friedrich Torbergs Witwe, »das hätt ihn gefreut.« Immer mehr Leute treten durch das Tor. Die Erde ist weich vom Regen. Es sind Stühle aufgestellt worden, auf der einen Seite vom Grab für die Männer, auf der anderen Seite vom Grab für die Frauen. Die Fernsehleute installieren ihre Kameras. Ein Angehöriger der Kultusgemeinde teilt schwarze Käppchen aus.

Es stehen zuletzt viele hundert Menschen in Schlamm und Regen. Die Männer der Begräbnisbrüderschaft tragen den Sarg heran, eine rohe Holzkiste, die Träger sehen aus wie gesunde Bauernbuben aus Niederösterreich, wahrscheinlich sind sie es. Ein Lautsprecher knattert. Der Rabbiner singt den Kaddisch, es wird gepredigt, es werden die Nachrufe verlesen. Der Regen geht weiter. Ich stehe in einer Pfütze und muß viel Aufmerksamkeit darauf verwenden, daß ich niemanden mit meinem Schirm verletze. Vor mir steht ein Kabelschlepper des österreichischen Fernsehens, der Regen hat sein Käppchen aufgeweicht, schwarze Farbe rinnt ihm aus der Kopfbedeckung übers Ohr in den Nacken. Dann sind die Reden zu Ende, der Sarg wird versenkt, die Leute gehen hin und werfen Erde in die Grube. Ich meine, den toten Torberg in seiner Kiste kichern zu hören. Ich denke: Schade, Alter. Ich werfe einen nassen Klumpen Erde hinab.

Ein paar Stunden später, in der Halle eines altertümlichen Hotels, ich versuche der unausweichlichen Grippe mit heißem Tee zu begegnen, belausche ich das Gespräch von vier vornehmen alten Damen am Nebentisch. Kennerisch reden sie über einzelne Leistungen, wiegen sie gegeneinander auf und ziehen die eine der anderen vor. Zuerst meine ich, daß ich einer der in Wien üblichen Debatten über eine Theaterpremiere lausche, dann aber erkenne ich: Die vier vornehmen alten Damen reden über nichts anderes als die Beisetzung meines toten Freundes Friedrich Torberg.

Ich huste. Mir tränen die Augen. Mich schaudert aus vielerlei Gründen, und zugleich weiß ich, daß ich Wien auf immer verfallen bin.

Ringstraße

D er Schani, das ist Wienerisch für Johannes, steht breitbeinig in dem Imbißladen gegenüber der Burghauptmannschaft. Er hat die linke Hand zur Faust geballt und in die Hüfte gestemmt. In der rechten Hand hält er ein Glas mit einem Viertelliter niederösterreichischen Landweins, das er zum Mund führt, um es schmatzend zu leeren. Der Schani trägt ein rosa Hemd mit grauer Weste, seinen Hut, einen schwarzen Bowler, hat er ins Genick geschoben, sein Kopf ist eine von Landwein und Hypertonie gezeichnete Kugel in der Farbe seines Hemdes.

Der Schani verläßt den Imbißladen und begibt sich auf den größten Freiplatz im Gelände der Wiener Hofburg, nach den einander gegenüber postierten Reiterstandbildern des Erzherzogs Carl und des Prinzen Eugen heißt er der Heldenplatz. Die Denkmäler wurden von Kaiser Franz Joseph gestiftet, dessen Spezialität das Verlieren war, auch jenes von Schlachten. Geschaffen hat die Skulpturen der Bildhauer Anton Dominik Fernkorn, der geisteskrank war und der, als er die beiden Helden modellierte, schon ständig eine psychiatrische Aufsicht in seinem Atelier dulden mußte.

Auf dem Heldenplatz drängten sich zu vielen Tausenden die Wiener im Jahr 1938, um dem Manne zuzujubeln, einem der ihren, der auf dem Balkon überm Eingang zur Nationalbibliothek stand. Dieser Mann, auch ein Fall für Nervenärzte, hatte Österreich ans Deutsche Reich angeschlossen und hieß Adolf Hitler.

Auf dem Heldenplatz riecht es nach Dieselabgasen

und nach Pferdeurin. Hintereinander warten Touristenomnibusse aus einem Dutzend europäischer Länder sowie sieben Pferdedroschken. Der Schani hat seinen Bowler in die Stirn gezogen. Er hilft vier Japanern, im Fond einer Droschke Platz zu nehmen, setzt sich danach auf den Bock, nimmt Zügel und Peitsche zur Hand und schnalzt mit der Zunge. Die Droschke, wienerisch Fiaker, rollt vom Heldenplatz. Hinterm Tor biegt sie rechts ein, Richtung Volksgarten und Schottentor. Die vier Japaner verbergen ihre Gesichter hinter Spiegelreflex-Fotoapparaten japanischer Produktion.

Der Schani äußert einige erklärende Worte in einem Dialekt, den man für Englisch halten darf. Die Japaner nicken und lächeln hinter ihren Linsen. An der nächsten Ampelanlage hält der Schani bei Rotlicht neben einem Jaguar aus London und einem Alfa aus Mailand. Unter den Leuten, die über die Straße gehen, entdeckt er zwei Herren in knöchellangen weißen Hemden. Der eine ist ein Ölscheich und sieht wie alle Ölscheichs aus: alterslos, bärtig und reich. Der andere ist ein einheimischer Weltverbesserer. Er hat sich einen Laubkranz auf den Kopf gesetzt, und mit einem Schild, das er auf dem Rücken trägt, ermahnt er führende Politiker dieser Welt zum Frieden. Der Schani steckt sich eine Zigarette an. Die Ampel wechselt auf gelb. Würde man ihn fragen, stünde für den Schani fest, daß Wien natürlich eine Weltstadt und diese Straße hier Wiens wichtigste Avenida sei.

Die Straße heißt Ringstraße, obschon eine Postadresse dieses Namens in Wien nicht existiert. Dafür gibt es dann gleich neun verschiedene Ringstraßen, sie heißen: Stuben-, Park-, Schubert-, Kärntner-, Opern-, Burg-, Dr. Karl Renner-, Dr. Karl Lueger- und Schottenring. Der Einfachheit halber faßt man sie unter dem

Sammelnamen Ringstraße zusammen. Niemand wird erwarten, daß ein stadtarchitektonisches Gebilde, auch wenn es Ring heißt, genau kreisrund verläuft, und tatsächlich nähert sich der Wiener Ring in der Form einem unregelmäßigen Fünfeck. Daß aber etwas, das Ring heißt, in sich geschlossen ist, möchte man voraussetzen. Wir sind aber in Wien, wo man niemals sagt, was man meint, und niemals meint, was man sagt, und ganz folgerichtig umschließt die Ringstraße bloß drei Viertel eines möglichen Ganzen. Das vierte Viertel, das den Ring zum Ring machen müßte, heißt Kai und heißt außerdem nach dem Kaiser Franz Joseph.

Dieser Monarch, den die Wiener, seit er tot ist und sie nicht mehr schikanieren kann, zu ihrer Lieblingsfigur ausgerufen haben, hat weniger mit dem Kai als mit der Ringstraße zu schaffen, die nun nicht nach ihm heißt. Er ist deren Initiator und Erfinder.

Der Kaiser, damals 27 Jahre alt, schickte am 20. Dezember 1857 seinem Innenminister Alexander von Bach ein Handschreiben des folgenden Inhalts:

»Es ist Mein Wille, daß die Erweiterung der inneren Stadt Wien mit Rücksicht auf eine entsprechende Verbindung derselben mit den Vorstädten ehemöglichst in Angriff genommen und hierbei auch auf die Regulierung und Verschönerung Meiner Residenz- und Reichshauptstadt Bedacht genommen werde. Zu diesem Ende bewillige Ich die Auflassung der Umwallung und Fortifikationen der inneren Stadt, sowie der Gräben um dieselbe.

Jener Teil der durch Auflassung der Umwallung der Fortifikationen und Stadtgräben gewonnenen Area und Glacis-Gründe, welcher nach Maßgabe des zu entwerfenden Grundplanes nicht einer anderweitigen Bestimmung vorbehalten wird, ist als Baugrund zu verwenden, und der daraus gewonnene Erlös hat zur

Bildung eines Baufonds zu dienen, aus welchem die durch diese Maßregel dem Staatsschatze erwachsenden Auslagen, insbesondere auch die Kosten der Herstellung öffentlicher Gebäude, sowie die Verlegung der noch nöthigen Militär-Anstalten bestritten werden sollen.«

In einem Stil, den man in Wien ärarisch nennt, wird hier dargetan, wie hernach auch ziemlich genau verfahren wurde. Der Brief macht zugleich ersichtlich, daß bis zum Jahre 1857 Wien eine Stadt mit noch völlig intakter Fortifikation war. Was innerhalb dieser Stadtmauern lag, war das eigentliche Wien. Was außerhalb der Mauern lag, war Vorstadt. An Vorstädten gab es insgesamt acht. Auch die hatten sich wieder mit militärischen Fortifikationen umgeben, dem im 18. Jahrhundert errichteten Linienwall. Er wurde mehr als drei Jahrzehnte nach den Fortifikationen der Inneren Stadt geschleift, und an seiner Stelle verläuft heute die andere Ringstraße, die aber nicht Ringstraße, sondern Gürtel heißen muß.

Ab dem Jahre 1858 wurden also die alten Basteien demoliert. Auf ihren Gründen und dem Gelände des Glacis, das ist das unbebaute Territorium vor Mauer und Graben, freigehalten für die Geschosse der Barockartillerie, wurde hinfort gebaut. Da wir aber in Wien sind, datiert das erste Bauwerk der später als phänotypisch empfundenen und klassifizierten Ringstraßen-Architektur nicht aufs Jahr 1858, sondern aufs Jahr 1856. Es handelt sich um die Votivkirche, errichtet auf dem damaligen Schottenglacis, der Architekt hieß Heinrich Ferstel, und der Anlaß war ein Messerattentat gewesen, das ein Mann namens Johann oder Janos Libenyi, von Beruf Schneider, auf den Kaiser Franz Joseph verübt hatte. Das Attentat schlug fehl, und der Attentäter wurde hingerichtet: »Das geschiecht ihm

31

ganz recht«, sang man in Wien. »Warum sticht er so schlecht.« Den Aufruf zum Bau erließ der Erzherzog Max, der später als Kaiser von Mexiko seinerseits gewaltsam zu Tode kam. Die Votivkirche ist die reine nachgeäffte Gotik der Kathedralen von Chartres und Reims, übertroffen wird ihre Monstrosität bloß noch durch das gleichfalls gotische Rathaus, gegenüber dem Burgtheater.

Wir befinden uns in der zweiten Hälfte des 19. Jahrhunderts. Wir befinden uns in der vitalen Frühphase von Liberalismus, Kapitalismus und Gründergier. Mit der Initiative des allerhöchsten Herrn war ein Baugrund in allerbester Lage erschlossen, und nunmehr begann der Wettlauf um den Zuschlag. Der Erzherzog Albrecht erzielte für seine Baugründe zwischen Operngasse und Burggraben 725 Gulden per Quadratklafter, und der Stadterweiterungsfonds erlöste 220 Millionen. Das Geld war ausreichend, um die Staatsbauten zu finanzieren.

Vorher mußte freilich abgebrochen werden. Johann Strauß komponierte die heute noch gespielte Demolier-Polka, und der Ausspruch von Karl Kraus, derart demoliere sich Wien zur Großstadt, wurde zwar erst viel später und aus anderem Anlaß getan, trifft aber ebenso schon die Wirklichkeit des Jahres 1858. Reste der alten Basteien sind zum Glück geblieben, die Dominikaner- und die Stubenbastei im Osten, die Mölkerbastei im Westen. Mit ihrem Ineinander von Stiegen, Mauern und Gebäuden sehr unterschiedlicher Höhe bilden sie einen wunderschönen Abschluß der alten gotischen Innenstadt. Reste der Augustinerbastei wurden in die Albertina integriert, das ist das Gebäude der großen Graphikensammlung nahe der Oper.

Die Ringstraße aber geriet zur Domäne der Baulöwen. Einer von ihnen, der Architekt Karl Tietz, ein gebürtiger Westpreuße, verantwortete auf dem Höhepunkt seiner Karriere im Jahre 1869 gleichzeitig 36 Baustellen. Zwei Jahre später saß er ganz richtig im Irrenhaus. 1870 gab es in Wien und Niederösterreich bloß drei große Baugesellschaften, drei Jahre später waren es 44. Größter Verdiener wurde ein Unternehmer namens Heinrich Drasche. Er entstammte einer ohnehin schon wohlhabenden Ziegelbrenner-Dynastie, er tätigte Zukäufe, vermarktete Erfindungen, und der Ringstraßen-Boom machte ihn schließlich zum reichsten Mann in Wien. Er ließ sich an der Ringstraße ein eigenes Palais bauen, nannte es unter Verwendung seines Vornamens den Heinrichhof, und es stand bis zu einem Bombardement im Krieg gegenüber der Staatsoper. Heinrich Drasche wurde geadelt. Als Edler von Wartinsberg ist er 1880 gestorben.

Heinrich Drasche war ein Ringstraßen-Baron, und sein Heinrichhof war ein Ringstraßen-Palais. Beides sind feststehende Begriffe der österreichischen Sozial- und Kulturgeschichte geworden. Ringstraßen-Palais waren in aller Regel riesige Repräsentationsbauten, deren Besitzer sich bloß eine Etage zur eigenen Nutzung vorbehielt, der Rest wurde vermietet. Die Ringstraßen-Barone waren Männer von durchweg bürgerlichem Fortkommen: Holzhändler, Geldverleiher und Bierbrauer. Nobilitiert durch raschen Neureichtum, erstrebten sie den Anschluß zum gesellschaftlich noch immer tonangebenden Feudaladel. »Der alleruntertänigst Gefertigte«, schrieb einer von ihnen an den Hof, »besitzt einen Sohn und eine Tochter, deren allfällige Verbindung mit hochadeligen Kreisen ihm die Erfüllung seiner Bitte um Standeserhöhung wünschenswert macht.«

Man konnte sich natürlich auch verspekulieren. Man machte betrügerischen Bankrott und floh mit seiner Geliebten ins Ausland. Andere schossen sich Kugeln in den Kopf. Zur letzten Kategorie gehörten ein Minister, Bruck, und ein General, Eynatten. Die bizarrsten Figuren des Geldadels von der Wiener Stadterweiterung aber waren die Todescos.

Es handelte sich um zwei Brüder, Eduard und Moritz. Sie waren Bankiers und sehr reich. Der ältere, Eduard, ließ sich ein Ringstraßenpalais errichten, das Palais Todesco, und geradezu exemplarisch war sein falscher Gebrauch von Fremdwörtern, der ihm eine regelmäßig wiederkehrende Auflistung aller verbalen Fehlleistungen in einem Witzblatt eintrug. Moritz hatte zur Geliebten die damals gefeierte Soubrette Jetty Treffz und machte ihr zwei Kinder, später wurde sie dann die Ehefrau von Johann Strauß-Sohn. Offenbar um seine Unbildung zu kompensieren, lud sich Eduard Todesco viel Künstler-Schickeria ins Haus, darunter Heinrich Laube, darunter Hugo von Hofmannsthal, sein Haus hatte einen berühmten Festsaal, und seine Frau Sophie kümmerte sich um private Theateraufführungen im Palais.

Sowohl das Palais Todesco als auch der Heinrichhof waren Arbeiten Theophil Hansens, eines der ganz maßgeblichen Ringstraßen-Architekten, die in ihrer Mehrzahl nicht aus Österreich kamen. Hansen war gebürtiger Däne. Er hat das Musikvereinsgebäude entworfen, die Börse, das Hoch- und Deutschmeister-Palais, das Epstein-Palais, das heute den Stadtschulrat beherbergt, und, vor allem, das Parlament. Theophil Hansen gilt als ein Großmeister jenes Baustils, der Historismus heißt.

Der war lange verpönt. Sein Prinzip, die Stilelemente des letzten Jahrtausends auf die neureiche Formel monumentaler Fassaden und häufig muffiger Interieurs zu bringen, erschien als Stein und Stuck gewordene Scheußlichkeit schlechthin, und bei manchen gilt er heute noch so. »Welches Gebäude«, schrieb ein allem Wienerischen sonst in nachsichtigster Liebe zugetaner Autor wie Hans Weigel, »könnte denn auch das unmögliche Kunststück fertigbringen, um 1870 erbaut und zugleich schön zu sein? In seiner francisco-josephinischen Ringstraßenstil-Überladenheit, in seinem eklektisch-epigonischen Gold-Prunk, in seiner karyatidengeschwellten Orgie architektonischer Parvenuehaftigkeit ist da längst das, was sich dem Auge darbietet, unerheblich geworden.«

Die frühesten Schelten kamen mit der Logik des Generationskonfliktes durch die Architekten der auffolgenden Jahrgänge. Da war zunächst Otto Wagner, der bedeutendste Baumeister des Wiener Jugendstils, einst Schüler der Ringstraßen-Architekten Siccardsburg und van der Nüll. Immerhin steht eine seiner wichtigsten Arbeiten, das Postsparkassenamt, nahe der Ringstraße. Noch radikaler urteilte Adolf Loos, der einer der Ahnherren des modernen Funktionalismus wurde: Er sprach rundheraus von der »Potemkinschen Stadt«, und er, auch er, hat nahe der Ringstraße gearbeitet. Das Café Museum kann man heute noch besuchen.

Wir selbst, enerviert durch die architektonischen Loos-Enkel mit ihrer Inflation von Glas und Beton und Zeitgenossen der Postmoderne, begegnen dem Historismus längst wieder mit Nachsicht, Gnade und Dankbarkeit. Es gab unter den Historisten Genies und Konfektionäre, wie es sie unter den Funktionalisten gab und gibt. Das Genie unter den Ringstraßen-Architekten aber hieß ohne jeden Zweifel Gottfried Semper.

Der umgetriebene Hamburger hat in Wien einige seiner wichtigsten Projekte realisiert: die beiden großen Museen gegenüber der Hofburg und das Burgtheater. Das letzte ist eine ausladende, eine gewiß auch etwas kalte, eine jedenfalls grandiose Architektur. Es ist der Bau für das repräsentative Sprechtheater in der Kapitale eines einstigen Großreiches. Jeder, der dort jemals Vorstellungen besucht hat, wird bestätigen, daß es wenige Theater auf der Welt gibt, wo sich Architektur und Darstellungsstil dermaßen decken.

Vergleichbares läßt sich vom anderen großen Theaterbau an der Ringstraße, der heutigen Staatsoper, nicht im gleichen Maße sagen. Das Haus mit der vorzüglichen Akustik ist ein Werk der Architekten Siccardsburg und van der Nüll, und an ihrer Arbeit wurde, voran vom Kaiser Franz Joseph, fortwährend genörgelt. Man dichtete:

> *Der Siccardsburg und van der Nüll,*
> *Die haben beide keinen Styl!*
> *Griechisch, Gotisch, Renaissance,*
> *Das ist denen alles ans!*

Die beiden Geschmähten nahmen sich derlei sehr zu Herzen. Van der Nüll beging Selbstmord, und der gekränkte Siccardsburg starb bald darauf.

Bis zum Jahre 1881 existierte noch ein dritter großer Theaterbau am Ring: die Komische Oper. Sie war eine Vorläuferin der heutigen Volksoper, hieß auch Ringtheater, und am 8. Dezember 1881 brannte sie während einer Vorstellung von »Hoffmanns Erzählungen« nieder, 386 Besucher kamen ums Leben. Das Ereignis brachte der Theaterwelt den Eisernen Vorhang als obligate Einrichtung und der Stadt Wien eine gründliche Reform der gesamten Feuerbekämpfung. Auf dem Gelände des verkohlten Ringtheaters wurde nach kaiserlicher Anordnung ein »Sühnehaus« errichtet: eine Mietskaserne, deren Erträge an wohltätige Zwecke gingen. Heute steht dort die neue Polizeidirektion.

Woraus auch erhellt, daß die Ringstraße in ihrer heutigen architektonischen Gestalt keine tote oder museale Avenida ist, sondern ein höchst lebendiger Boulevard. Sie ist gewiß die großartigste Straße von Wien, und sie ist einer der großen Boulevards dieser Welt. Daß die Autosalons und Fluggesellschaften hier überrepräsentiert sind, dürfte mit der Höhe der Mieten zu erklären sein, und selbst die Hamburger-Restaurants sind derzeit auf dem Vormarsch. Aber immer noch gibt es hier auch kleine Geschäfte, es gibt eine Buchhandlung, es gibt die beiden Traditionshotels *Bristol* und *Imperial*, es gibt hundertjährige Mietshäuser mit grauen Karyatiden an der Front und mit wundervollen Höfen.

Es gibt alte, berühmte Kaffeehäuser wie das Prückel und das Landtmann. Zur Noblesse der Straße tragen die Parkanlagen bei: Stadtpark, Volksgarten, Burggarten, und es gibt auch sonst noch eine Menge Grün, rund um die Denkmäler, zwischen Rathaus und Universität, es wachsen Bäume aus den Gehsteigen, Linden und Kastanien. Ein bißchen balkanischer Dreck liegt über der Straße und macht die noch allenthalben spürbare *nouvelle richesse* sehr erträglich.

Im Sommer ist die Ringstraße fester Besitz der Touristen. Am schönsten erscheint sie im Winter: die großen Repräsentationsgebäude stehen stolz und kalt unter der Last ihrer Schneehauben, die Gehsteige glanzen in schmutziger Nässe, die brennenden Lampen haben bleiche Nebelhöfe, in bunten Verkleidungen huschen Leute von Tor zu Tor, sie lachen, sie tragen Faschingsmasken, die Masken machen das Lachen zur starren Fratze und teilen mit, daß der Geist dieser Stadt barock ist und das Leben ein Maskenspiel zwischen Ekstase und Tod.

Geselligkeit

1 Im vierten Wiener Gemeindebezirk, Wieden, befindet sich an einer Straßenkreuzung ein Denkmal für Georg Franz Kolschitzky, einen gebürtigen Polen. Nach ihm wurde auch eine der hier verlaufenden Gassen benannt. Das Denkmal hat der Bildhauer Emmanuel Pendl geschaffen, im Jahr 1855, gestiftet worden ist es durch Karl Zwerina, einen Wiener Kaffeesieder.

Der Kaffee in Wien war damals gerade zweihundert Jahre alt. Seine Einführung steht offenkundig in unmittelbarem Zusammenhang mit der großen Türkenbelagerung von 1683, die beendigt worden ist mit der siegreichen Schlacht am Kahlenberg. Unter der Hinterlassenschaft der flüchtenden türkischen Belagerer fanden sich fünfhundert Säcke voll grüner Kaffeebohnen, die in Kolschitzkys Besitz gerieten. Der wußte, was es mit den Bohnen auf sich hatte. Er war lange auf dem Balkan gewesen und sprach fließend türkisch. Während der Belagerung hatte er verschiedentlich als Spion für die Österreicher gewirkt, und die Belohnung für seinen mutigen Einsatz bestand außer in einer Geldsumme und den Kaffeesäcken in dem kaiserlichen Privileg, Kaffee zu sieden und eine öffentliche Kaffeehütte zu eröffnen. Kolschitzky hat dann nacheinander drei Kaffeehäuser besessen, eines am Stephansplatz, eines an der Brandstätte und zuletzt die berühmte Blaue Flasche an der Schlossergasse.

Diese Geschichte wird in Wien unentwegt erzählt. Sie besitzt vielerlei Vorzüge: Sie ist bunt, abenteuerlich und folgerichtig. Sie besitzt nur einen Nachteil: Sie ist nicht wahr.

Kolschitzky hat nie etwas mit Kaffee zu tun gehabt. Er war Kaufmann und Spion, nichts weiter. Der Kaffee ist nach Europa keineswegs direkt aus der Türkei gekommen, vielmehr über Italien, und lange vor jenen in Wien existierten Kaffeehäuser anderswo auf dem Kontinent: in Venedig ab 1645, in London ab 1652. Dagegen wurde das erste Wiener Kaffeehaus erst 1685 eröffnet, und zwar durch Johannes Diodato, einen gebürtigen Armenier. Es stand in der Rotenturmgasse nahe St. Stephan. Die berühmte Blaue Flasche eröffnete erst 1703, neun Jahre nach Kolschitzkys Tod.

»Geschichten werden niemals richtig erlebt, nur manchmal, sehr selten, richtig erzählt«, sagt der Wiener Schriftsteller Alfred Polgar, der ein leidenschaftlicher Kaffeehaus-Besucher gewesen ist.

2 Die ersten Wiener Kaffeehäuser waren finstere, häufig fensterlose Gewölbe in der Nähe von Brükken und Warenumschlagplätzen. Es wurde in ihnen Kaffee ausgeschenkt, daneben Tee, Schokolade, kaltes Erfrischungsgetränk. Man konnte außerdem Karten spielen, oder Schach, oder Dame. Die Besucher waren zunächst kleine Leute. Wien ist eine katholische Stadt, katholische Landschaften sind gesellige Gegenden. Man kommt gerne zusammen, sitzt beieinander, redet, flüstert, gafft, und dies alles möglichst nahe der Straße oder auf der Straße.

Die Kaffeehäuser in Wien wurden zahlreicher. Das Kaffeesieden war ein profitables Gewerbe geworden, man stritt, man prozessierte um die Lizenzen. Am Lobkowitzplatz, später in der Plankengasse befand sich das Silberne Kaffeehaus von Ignaz Neuner. Es war der erste wirklich vornehme Kaffeeausschank von Wien, und nicht nur das Tafelgeschirr darin, auch die Türklinken und die Garderobenhaken waren silbern. Hier saßen Franz Grillparzer, Ferdinand Raimund, Nikolaus Lenau, Anastasius Grün und der Theaterschriftsteller Adolf Bäuerle.

Das Kaffeehaus in Wien war zum bevorzugten Treffpunkt der Künstler geworden. Wo viele Intellektuelle beieinander hocken, besteht die Gefahr von Konspiration, Subversion und politischem Aufruhr, jedenfalls zu Zeiten geistiger Unterdrückung, und das Wien im ersten Drittel des 19. Jahrhunderts war ein Ort geistiger Unterdrückung. Der allgegenwärtige Machthaber in Stadt und Land hieß Clemens von Metternich, amtierte als Kanzler und versuchte mit den Mitteln des Polizeistaats jede Form von bürgerlicher Auflehnung zu ersticken.

Zum Polizeistaat gehört eine Geheimpolizei. Zur Geheimpolizei gehören die Zuträger und Spitzel. In Wien hießen sie offiziell Konfidenten, inoffiziell, also im Volksmund, hießen sie Naderer. Als harmlose Gäste saßen sie im Kaffeehaus, hörten zu, machten sich Notizen und rapportierten hinterher der Behörde.

Die meisten Naderer waren rasch bekannt. Trat einer von ihnen in ein Kaffeehaus ein, wurde alsbald von einem Tisch zum nächsten geraunt: Naderer da, Naderer da. Der Einsatz des Konfidenten war damit gegenstandslos geworden: Ein entlarvter Spitzel ist kein nützlicher Spitzel.

Diese Art der Warnung wurde daher regelrecht verboten und mit hohen Geldstrafen belegt. Was ließ sich dagegen unternehmen? Der 1781 geborene Ignaz Franz Castelli, Beamter, Zeitungsmacher, Komödienschreiber, verkehrte im Literatencafé Katzmair. Eines Tages erzählte er am Stammtisch, so daß jeder es hören

40

konnte, die Signale zum Parademarsch seien gänzlich umgeändert worden: statt *schnedderedeng-schnedderedeng* klinge jetzt der Marsch *nadrda-nadrda*. Der im Café Katzmair hockende Konfident verließ hochroten Kopfes das Etablissement. Ignaz Castelli wurde umgehend polizeilich vorgeladen. Er wiederholte, was er geäußert hatte, und die Polizei, statt zu strafen, brach in Gelächter aus.

Eine andere Spezialität der Wiener Kaffeehäuser wurde das Billardspiel. Nach Österreich, wie nach Gesamt-Mitteleuropa, war es mit den napoleonischen Truppen gelangt. Billardräume in Wiener Kaffeehäusern wurden für gewöhnlich im ersten Stock untergebracht, über den Restaurationsräumen, und für die Benutzung konnten Gebühren erhoben werden. Tüchtige Cafetiers brachten es auf solche Art zu beachtlichen Tageseinnahmen.

Billard ist ein männliches Spiel. Überhaupt war das Wiener Kaffeehaus während der ersten anderthalb Jahrhunderte seiner Existenz eine vorwiegend maskuline Sache. »Damen werden nicht bedient«, schrieb ein Zeitgenosse, »wenn sie aber bedient werden, ist das kein gutes Zeichen – dann sind sie offiziell geduldet, um dort Herrenbekanntschaften zu machen, und werden dabei generös von den Kellnern gefördert, die ihrerseits wieder von den Damen generös bedacht werden.«

Das hat sich dann geändert. Das 19. Jahrhundert war auch das Zeitalter der Frauen-Emanzipation, und das Café Milani auf der Burgbreite war das erste Wiener Kaffeehaus, das gezielt um weibliche Kundschaft warb. Es hatte darin Erfolg. Es führte bald den Spitznamen Ochsenmühle.

3 Wenden wir uns im folgenden Herrn Heinrich Griensteidl zu. Eigentlich war er ein gelernter Apotheker. 1844 eröffnete er eine kleine Kaffeeschänke in der Bibergasse, 1847 übersiedelte er in das Herbersteinsche Palais am Anfang der Herrengasse, unmittelbar vor der Hofburg. Das Café Griensteidl zog vom Silbernen Kaffeehaus des Ignaz Neuner einen Großteil der Kundschaft ab, Literaten vor allem und politische Trotzköpfe.

Man hat gesagt, die Revolution von 1848 habe begonnen mit der Redefreiheit in den Wiener Cafés. Diese Redefreiheit sei nicht gewährt worden, also habe man sie sich einfach genommen, und damit war die Revolution zur Stelle. Eines ihrer Zentren stellte das Café Griensteidl in der Herrengasse.

Herr Griensteidl zeigte sich auf der Höhe der Zeit. Er taufte sein Etablissement um. Er nannte es jetzt: Café National. Die Revolution in der kaiserlichen Residenzstadt Wien blieb siegreich vom März bis zum Oktober des Jahres 1848, dann kam die Konterrevolution. Herr Griensteidl zeigte sich abermals auf der Höhe der Zeit. Er taufte sein Etablissement um. Es hieß nun wieder das Café Griensteidl.

»Du hast Sorgen, sei es diese, sei es jene ... ins Kaffeehaus!

Sie kann aus irgendeinem, wenn auch noch so plausiblen Grunde, nicht zu dir kommen ... ins Kaffeehaus! Du hast zerrissene Stiefel ... Kaffeehaus!

Du hast 400 Kronen Gehalt und gibst 500 aus ... Kaffeehaus! Du bist korrekt sparsam und gönnst dir nichts ... Kaffeehaus!

Du findest keine, die dir paßt ... Kaffeehaus! Du stehst innerlich vor dem Selbstmord ... Kaffeehaus!

Du haßt und verachtest die Menschen und kannst sie dennoch nicht missen ... Kaffeehaus!

Man kreditiert dir nirgends mehr … Kaffeehaus!« Dieser Hymnus stammt aus der Feder von Peter Altenberg. Er gehörte der Literatenvereinigung Jung-Wien an, zusammen mit Arthur Schnitzler, Hugo von Hofmannsthal, Richard Beer-Hofmann, Hermann Bahr und Karl Kraus. Die Literatenvereinigung Jung-Wien residierte im Café Griensteidl an der Herrengasse.

Peter Altenberg ist gewiß von allen Wiener Kaffeehaus-Literaten der konsequenteste gewesen. Er verbrachte die Tage und die Nächte im Café. Er aß, lebte, arbeitete, liebte, redete, trank im Café. Er hatte dort seine Post-Adresse. Manchmal wohnte er dort. Peter Altenberg betrat die Welt der schönen Literatur, indem er die Dämmerung des Café Griensteidl betrat, das er erst wieder verließ, als es, im Jahre 1897, unter die Spitzhacke kam.

»Es ging toll her in der letzten Nacht des Café Griensteidl. Nach Mitternacht waren sämtliche Vorräte an Speis und Trank vergriffen, und es wurden nur noch Ohrfeigen verabreicht. Sonst war die Stimmung famos«, schrieb eine Wiener Zeitung.

»Wien wird jetzt zur Großstadt demoliert«, schrieb Karl Kraus. »Unsere Literatur sieht einer Periode der Obdachlosigkeit entgegen. In Eile werden alle Literaturgeräte zusammengerafft: Mangel an Talent, verfrühte Abgeklärtheit, Posen, Größenwahn, Vorstadtmädel, Krawatte, Maniriertheit, falsche Dative und heimliche Nerven … Wohin steuert nun unsere junge Literatur?«

Sie steuerte nur wenige Häuser weiter. Sie steuerte ins Café Central. Es lag gleichfalls an der Herrengasse, in der Numero 14, im Gebäude der Österreichisch-Ungarischen Bank.

Das Café Central verfügte über einen Lichthof, der von einer Kuppel überwölbt wurde. Rund um den

Lichthof befanden sich Arkaden, hinter denen Treppen in die Nebenräume führten. Im Arkadenhof saßen die Prominenten aus Politik und Literatur neben Leuten, die darauf hofften, daß sie demnächst als Prominente aus Politik und Literatur anerkannt sein würden.

Der erste Schriftsteller, der das Café Central zu seinem Stammcafé machte, war der aus dem demolierten Café Griensteidl vertriebene Karl Kraus. Ihm folgte Peter Altenberg, der Karl Kraus' Entdeckung und so etwas wie sein Schüler gewesen war. Mit Peter Altenberg kamen sämtliche Literaten des demolierten Café Griensteidl. Daraufhin zog Karl Kraus aus dem Café Central wieder aus und suchte sich andere Stammcafés: das Café Imperial und das Café Parzival. Gleichwohl stammt die innigste Schilderung des Café Central von Karl Kraus:

»Eine tiefe Halle, die in einem seltsam unbestimmten Licht liegt. Je dreizehn Schmöcke in den Nischen auf jeder Seite. Jeder dieser Schmöcke ist sein eigener Lichtspender. An den verschiedenen Tischen dicht gedrängt Personen, die alle zueinander zu gehören scheinen und von Tisch zu Tisch hinübersprechen. Ein Winkel weist nomadenhafte Häuslichkeit auf; während verschiedene junge Leute schreiben, diktieren, malen, zeichnen, verrichten Mädchen häusliche Arbeiten, stopfen Zigaretten u. dgl.«

Außer den Literaten saßen im Café Central Politiker. Es saßen dort russische Sozialisten, polnische Parlamentarier, ukrainische Irredentisten, tschechische Autonomisten, slowenische Studenten. Es saß dort, mit der Wendung eines Beobachters, der k.u.k. Hochverrat.

Der explodierte schließlich, erst in die Schüsse von Sarajevo, dann in den Ersten Weltkrieg. Ganz Wien verfiel in militaristischen Taumel. Karl Kraus, der davon nicht ergriffen wurde, als einer von ganz wenigen, hat einige Zuckungen des einschlägigen Zeitgeistes getreulich notiert, in seinem Theaterstück *Die letzten Tage der Menschheit*, das zu einem erheblichen Teil im Kaffeehaus spielt oder davor. Einmal animieren sich dort zwei Herren zur patriotischen Umdichtung eines bekannten Goethe-Gedichts, als »Wanderers Schlachtlied«: »Über allen Kipfeln ist Ruh, / Beim Weißbäcken spürest du / Kaum einen Rauch. / Die Bäcker schlafen im Walde. / Warte nur, balde / Hast nix im Bauch.«

Später dann, als das Nix-im-Bauch-Haben zu einer allgemeinen Erscheinung geworden war, im siebzehner Jahr, gegen Ende, ist ein hoher Beamter zum österreichischen Außenminister ins Amtszimmer gestürzt: »Exzellenz entschuldigen. In Rußland is Revolution.« »Gehn S'«, sagt der Minister. »Wer soll denn in Rußland Revolution machen? Vielleicht der Herr Trotzki ausm Café Central?«

Er lacht ob dieser abstrusen Vorstellung. Dabei hatte genau der Herr Trotzki die Revolution gemacht, oder doch mitgemacht, und seine Revolution war erst einmal siegreich, im Gegensatz zu den österreichischen Heeren, die fortwährend unterlagen, bis dann dessen angehörige Soldaten, sofern sie überlebt hatten, heimgekehrt sind und sich unter anderem wieder ins Kaffeehaus setzten.

4 »Ich frag mich immer«, sagt der Wiener Autor Hans Weigel, »wo sich Schriftsteller in anderen Städten außerhalb Österreichs eigentlich treffen.«

Der Schriftsteller Friedrich Torberg hat anstelle seiner Memoiren eine Anekdotensammlung verfaßt, *Die*

Tante Jolesch. Sie spielt zu großen Teilen in Kaffeehäusern und liest sich so:

»Der Zahlkellner Richard pflegte seine maßvolle Dienstbereitschaft durch die Anrede ›o Herr‹ auszudrücken – ›Jawohl, o Herr‹ auf eine ungeduldige Bestellung hin, oder ›Zahlen gewünscht, o Herr?‹ nach mehrmals wiederholtem Zuruf. Eines Nachts flog ihm plötzlich eine Kaffeeschale an den Kopf. Er hatte die Witwe Pelikan, Inhaberin eines gutgehenden Geheimbordells und eines kräftigen Schnurrbartanflugs, versehentlich mit ›o Herr‹ angesprochen.«

Hans Weigel sagt: »Es gab das Café Herrenhof. Das war ein Literatencafé und in der letzten Phase das Stammcafé von Friedrich Torberg, Carl Zuckmayer und Franz Werfel. Dort arbeitete der Herr Ober Albert. Zwischendurch waren die meisten Gäste des Kaffeehauses aus Gründen der Weltgeschichte etwas abwesend. Der Herr Albert hat Anstrengung unternommen, das Kaffeehaus wieder flott zu machen, noch während des Kriegs. Da war ein früherer Freund jener literarischen Runde, der sich zwischendurch sehr einsam gefühlt hatte, einer der wenigen, die in Wien geblieben sind, und der Herr Albert sagt ihm jetzt, daß er das Herrenhof gerade käuflich erworben hat, und fügt noch hinzu: Das Café haben wir schon. Die Gäst' werden auch bald wieder da sein.«

Das spielt bereits in jenen bösen sechs Jahren, da Österreich und Wien zu Adolf Hitlers Großdeutschem Reich gehörten. Überliefert ist aus jener Zeit auch der nächtliche Abschiedsgruß eines Kaffeehauskellners: »Guten Abend, die Herrn. Gute Nacht. Habe die Ehre. Schlafen Sie wohl. Und ein herzliches Heil Hitler an die Frau Gemahlin.«

Der Wiener Kulturredakteur Hans Haider meint, die große Zeit des Wiener Kaffeehauses seien die

Gründerjahre gewesen und vielleicht noch die Zwischenkriegszeit. Das habe ökonomische Ursachen gehabt. Leute mit eigentlich bürgerlichen Allüren besaßen zum Teil nicht die Wohnverhältnisse oder die Familienstabilität, die es ihnen erlaubte, zu Hause Hof zu halten, und was die Ober den Gästen vorspielten, bedeutete nichts als die Wiederholung von Ritualen, die in der Selbstfinanzierung daheim nicht mehr möglich waren.

5 Eine wichtige Figur der Kaffeehäuser war und ist der Ober. Er wird immer mit »Herr« und seinem Vornamen angesprochen. Kaffeehauskellner sind von anderem Zuschnitt als Kellner in sonstigen gastronomischen Einrichtungen, schon zufolge ihrem Alter, das in der Regel um die fünfzig liegt.

Zum Kaffeehaus gehören Spiegel an den Wänden, Kristallüster an der Decke, die auch tagsüber brennen, gehören Tische mit Platten aus echtem oder imitiertem Marmor, gehören Plüschsofas, Bugholzsessel, und in der Mitte des Raumes befindet sich das Kuchenbüffet. Das übrige Speisenangebot bleibt eher bescheiden.

Dafür lockten schon die allerersten Kaffeehäuser ihre Klientel mit den aufliegenden Gazetten. Heute liegen in ordentlichen Wiener Cafés sämtliche österreichischen Zeitungen, dazu ein Großteil der deutschsprachigen und ein paar ausgewählte internationale Blätter.

Der Kaffee, der getrunken wird, ist stark. Grundlage bildet der große Schwarze, das ist ein Mokka, der sich durch allerlei Zugaben von Milch oder Sahne (wienerisch Obers) zum Braunen oder zum Einspänner verwandelt. Die Varianten sind vielfältig, manche bleiben Spezialität eines einzigen Cafetiers. Zu jeder Tasse, wienerisch Schale, wird immer ein Glas Wasser gereicht, dem quer obenauf der kleine Kaffeelöffel liegt.

Derzeit prominentestes Kaffeehaus in Wien ist das Hawelka in der Dorotheergasse, direkt neben dem Graben. Seit einem Vierteljahrhundert blieb es der wichtigste Künstler- und Intellektuellen-Treffpunkt von Wien, vor allen anderen, und eines der Geheimnisse seines Erfolges sind seine langen Öffnungszeiten. Der alte Herr Hawelka, der auch schon in populären Liedern vorkommt, hat frühzeitig mit dem Sammeln von bildender Kunst begonnen. Heute besitzt er eine umfangreiche Kollektion von Malern der österreichischen Moderne.

Sein Café ist ein völlig verräuchertes und fast immer überfülltes Etablissement. An den Wänden hängen Plakate von Kunstausstellungen und experimentellen Theaterproduktionen. Ein paar Bilder aus Leopold Hawelkas Kunstsammlung hängen auch dabei. Das Publikum ist überwiegend jung, trägt sämtliche Avantgarde-Moden der westlichen Welt und redet in sämtlichen Dialekten des Spätkapitalismus.

Vieles deutet freilich darauf hin, daß, schon seit längerem, das Wiener Kaffeehaus insgesamt in die Agonie gleitet. Wenn es schließlich stürbe, wäre das traurig, wie das Hinscheiden von etwas lang Vertrautem immer traurig ist. Es gibt allerdings auch Versuche zu einer Lebensverlängerung oder Reanimation. Wie alle solche Versuche riechen sie nach Künstlichkeit und haben das Klima von Intensivstationen. Oder irre ich mich?

In ihrem Vollzug geschah es, daß man das Café Central in der Herrengasse wieder eröffnete, nach insgesamt einem Halbjahrhundert der Schließung. Sogar das Café Griensteidl gibt es jetzt wieder an seinem alten

Ort und das Café Herrenhof sowieso. Die alten Restaurationsräume des Griensteidl wie des Central sind aufwendig wiederhergerichtet worden, mit schimmernden Lüstern, mit brandneuen Stühlen. Die Preise auf der Speisekarte sind außerordentlich. Wiener Literaten sitzen kaum dort. Die reichlich vorhandenen Ausländer sind keine emigrierten Politiker, und die am häufigsten gesprochene Sprache ist Englisch.

An einem Tisch des Café Central hockt, ganz für sich allein, ein kleiner kahlköpfiger Herr mit hängendem Schnauzbart. Er hat seinen linken Unterarm auf die Tischplatte gelegt. Vor ihm steht ein leeres Glas. Der Name des Mannes lautet Richard Engländer. Das literarische Pseudonym, unter dem er bekannt wurde, hieß Peter Altenberg. Natürlich ist der wahre Peter Altenberg längst tot. Bei dem Manne im heutigen Café Central handelt es sich um eine Wachsfigur.

Versatzamt

Meine Damen und Herren«, sagt der Auktionator, »ich darf Sie begrüßen zur heutigen Matinee-auktion.«

Der Auktionator sitzt hinter einer großen kirsch-holzfarbenen Schranke. Er spricht in ein Mikrofon. Seine Stimme kommt verstärkt über zwei kleine weiße Lautsprecher, die, hoch über den Köpfen des Publikums, an den beiden Längswänden des Saales hängen. Der Auktionator ist ein Mann mittleren Alters, mit Stirnglatze, braunem Haarkranz und meliertem Spitzbart. Er trägt zu dunkler Jacke ein weißes Hemd und eine farbige Krawatte.

Der Raum, in dem er sitzt, führt den Namen Maria-Theresien-Saal und befindet sich im ersten Geschoß des Palais Dorotheum. Man gelangt zu ihm über eine breite steinerne Stiege oder vermittels Lift. Er bietet Platz für ungefähr hundertfünfzig Menschen. Das Palais Dorotheum selbst ist ein neobarocker Bau, entworfen von Emil Förster, einem bekannten Ringstraßen-Architekten, der außerdem noch das Haus der Bodencreditanstalt errichtet hat und das Ringstraßentheater.

Das Palais Dorotheum wurde 1901 feierlich eröffnet, in Anwesenheit von Kaiser Franz Joseph 1. Es steht am Platz des abgerissenen Dorotheerklosters, eines 1459 gegründeten Augustinerkollegiums rund um eine Kapelle, die noch einmal hundert Jahre älter war. Sie wurde mehrfach umgebaut und erweitert und erhielt zwei kupfergedeckte Türme, die nach dem Jahre 1782 wieder fallen mußten, denn das Kloster war jetzt entweiht. Das Dorotheerkloster hat der Straße, an der es stand und die ursprünglich Färbergasse hieß, seinen Namen vermacht.

Der Auktionator im Maria-Theresien-Saal erläutert die Konditionen der Versteigerung. Die Bieter im Publikum hätten sich mittels Handzeichen zu äußern. Gesteigert werde um circa zehn Perzent des letzten Anbotes. Sofern er, der Auktionator, ein Handzeichen übersehe, sei er berechtigt, den Zuschlag aufzuheben und die betreffenden Posten weiterzuversteigern. Ausländer hätten ihren Zuschlag umgehend bei der Kassa einzulösen.

Die Kassa befindet sich in gleicher Front wie die Schranke des Auktionators, nur sitzt der Buchhalter um circa einen halben Meter niedriger. Die Kassa ist mittels einer dicken Glasscheibe gegen eventuelle Übergriffe geschützt. Neben der Kassa befindet sich, auf gleicher Höhe, der Tresen für die sofortige Auslieferung der ersteigerten Posten. Hinter der Schranke bleibt insgesamt noch zehn Schritte Raum bis zur abschließenden Schmalwand. Eine halboffene Tür gibt den Blick frei auf einen Hinterraum, der als Lager dient. Mehrere Angestellte sind emsig beschäftigt, die zur Versteigerung anstehenden Objekte herbeizuschaffen. Manchmal bewegen sich bis um die zehn Personen hinter der kirschholzfarbenen Schranke.

Das von Kaiser Joseph I. im Jahre 1707 eröffnete Versatz- und Fragamt zu Wien befand sich ursprünglich an der Mündung der Annagasse in die Seilerstätte. Ein kaiserliches Patent legte den Zweck fest: Es sollte *denen jenigen betrangten Partheyen geholffen werden*, die *auff eine kurtze Zeit eines Geldes bedürfftig wären*, und zwar *gegen Versatz einiger Pfänder*. Der weitere Name Fragamt macht darauf aufmerksam, daß sich hier zusätzlich Auskünfte über kommerzielle Angelegenheiten einholen ließen.

Der Geldverleih gegen hinterlegte Sicherheiten ist eine alte finanzielle Praxis. Sie reicht bis ins Hochmittelalter zurück. Anfangs mußte sie sich mühsam gegen die kirchlichen Vorbehalte wider alle Finanzgeschäfte durchsetzen, die, infolge entsprechender Geschichten und Weisungen des Neuen Testaments, als durchaus verächtlich galten. Verstöße wurden mit der Exkommunikation abgestraft, lediglich Juden durften im Kreditgeschäft tätig sein. Der anwachsende Geldbedarf bei Handwerkern und Händlern in den Städten, vor allem denen Oberitaliens, machte den Vorbehalten ein Ende.

Es kam zur Gründung der *Montes coacti*, Institutionen, bei denen sich private Gelder deponieren ließen und die ihrerseits verzinsliche Darlehen gaben, gegen Edelmetall oder Wertpapiere als Sicherheit. Das war der Beginn der Lombardbanken. Auch die Kurie erkannte hier einen Weg, den eigenen und oft gravierenden Geldsorgen zu entkommen. Derart wurde das Verfahren kirchlich sanktioniert und der Finanzhandel zu einer christlichen Angelegenheit.

Wo immer die Geldnot herrscht und Darlehen auf Zins vergeben werden, lauert die Gefahr des Wuchers. Tatsächlich wurde er ständig praktiziert. Ihn abzuwehren, gründeten Angehörige zweier frommer Orden, Franziskaner und Minoriten, die sogenannten Werke der Barmherzigkeit, auch *Monti di pietà* oder *Montes pii*, die Darlehen zu einigermaßen tragbaren Konditionen an Bedürftige gewährten. Für die Sicherheit war ein Pfand zu hinterlegen. Im Gegensatz zu den Lombardbanken floß der am Ende erwirtschaftete Gewinn nicht dem Privatvermögen des Betreibers zu, sondern der Armenkasse.

Das Konzil von Trient stufte solche *Montes* als gottgefällige Institutionen ein, worauf sie sich rasch ausbreiteten in den katholischen Ländern Europas, man darf in ihnen die Vorläufer der Sparkassen, der Hypothekenanstalten und der Versatzämter erblicken. Nach Österreich kamen sie erst vergleichsweise spät.

Lajos Nemeth ist ein großgewachsener Mensch mit dunkelblonden Haaren, die ihm bis über den Kragen fallen. Sein Alter ist einunddreißig. Er arbeitet als Angestellter einer ungarischen Speditionsfirma mit Geschäftssitz in der Leopoldstadt, wo Lajos Nemeth auch ein kleines Zimmer bewohnt, sieben Häuser von seiner Arbeitsstelle entfernt. Lajos Nemeth lebt seit einem knappen Jahr in Wien und will noch weitere zwei Jahre bleiben. Danach hofft er das nötige Geld zu besitzen, um sich in seinem Heimatort, Pécs, eine Eigentumswohnung kaufen zu können.

Bei einem Spaziergang in der Inneren Stadt von Wien kam er, das liegt ein halbes Jahr zurück, von der Stallburggasse herüber und vorbei am Dorotheum. Er hielt inne. Er erblickte die Schaukästen und Plakate an der Wand. Lüstern besah er sich die schweren Eintrittsportale aus schwarzen Eisengittern und aus Glas, hinter denen viele würdige Menschen verschwanden. Da trat er seinerseits ein. Er gelangte in ein Vestibül, wo eine schöne Dämmerung war, auch ein sanft gurgelndes Geräusch, das an der hohen Stuckdecke widerhallte. Es standen Vitrinen im Raum, alte Möbel, und an den Wänden hingen Bilder in altmodischen Rahmen. Besucher gingen umher und machten sich Notizen. Auf einem Aushang las Lajos Nemeth die Anfangszeiten der einzelnen Versteigerungen. Er setzte sich in eine Auktion für Schmuck, Porzellan und Glas im Ludwigstorff-Saal, im zweiten Stockwerk des Palais Dorotheum.

Das 1707 eröffnete Versatz- und Fragamt zu Wien belieh zunächst Gegenstände von Gold und Silber und

Juwelen. Die Darlehen betrugen zwei Drittel des geschätzten Warenwertes. Der Zinssatz erreichte nicht ganz elf Perzent im Jahr. Darlehen für Pfänder minderen Materials wurden mit Zinsen in doppelter Höhe belegt, also fast 22 Perzent. Die Leihfrist betrug äußerstenfalls zwölf Monate und sechs Wochen. Hernach wurden alle nichteingelösten Pfänder veräußert, in der Gestalt einer zwangsweisen Auktion.

Mit Beginn seiner Tätigkeit im Jahre 1707 gab es im Wiener Versatz- und Fragamt außer Zwangsversteigerungen immer auch freiwillige Auktionen. Der Vorgang war der gleiche: durch einen *Außruffer* sollte der angebotene Posten *nach dreymalig außgeruffener Feilbietung* an den Meistbietenden gehen. Die Wertermittlung wurde durch *geschworene Schätzleuthe* vorgenommen. Der gesamten Behörde stand ein kaiserlicher Amtmann vor.

Lajos Nemeth sitzt in der vorletzten von insgesamt dreizehn Stuhlreihen des Maria-Theresien-Saales. Die Plätze sind samt und sonders besetzt, zusätzlich steht Publikum in den Gängen an der Längswand und an den Fenstern. Kleinkinder sind zugegen. Manche von ihnen plärren und kichern. Eine alte Dame in der ersten Sitzreihe hält an der Leine einen kleinen grauen Hund.

Lajos Nemeth hat sich bei einem Zeitungskiosk am Graben ein ungarisches Tagblatt gekauft. Nach dem Aufruf des zehnten Postens zieht er es hervor und beginnt zu lesen: Berichte über die gestiegenen Wahlchancen der sozialistischen Partei des früheren ungarischen Außenministers Gyula Horn, kritische Worte über den gegenwärtigen Premier in Budapest.

Entgegen seiner eigentlichen Bestimmung war das vom ersten Kaiser Joseph 1707 gegründete Versatzamt durchaus keine Behörde zur materiellen Unterstützung kleiner Leute. Es gab eine Wertuntergrenze für Pfänder, die machte, daß vornehmlich wohlhabende Bürger und Aristokraten die Klientel stellten, und ein vorrangiger Grund für die Darlehensnahme waren Spielschulden.

Geöffnet wurde von 9 bis 11 sowie von 14 bis 16 Uhr an den Werktagen. Das Versatzamt gehörte dem städtischen Großarmenhaus, an das alle Gewinne abfließen sollten, wenn sie dann entstanden. Die neue Behörde benötigte allerdings insgesamt neun Jahre und mehrere Änderungen ihrer Verfahrensweise, ehe sie, nach Tilgung der Kaufsumme für das von ihr genutzte Gebäude in der Annagasse, erstmals einen bescheidenen Gewinn abwarf: 1200 Gulden, das geschah im Jahr 1716.

1771 hatte sich der Personalbestand des Wiener Versatzamtes auf insgesamt 17 Beamte erhöht. Die Schätzmeister beschäftigten an ihrer Seite Adjunkten. Die Rücklagenbildung des Unternehmens hatte die Summe von 200 000 Gulden erreicht. Immer wieder kam es zu Problemen, weil beispielsweise verschiedene der verfallenen Pfänder sich als nicht veräußerbar erwiesen, und einmal geschah es, daß ein Schätzmeister falsche Juwelen für echt erklärte, in betrügerischer Absicht.

Dr. Erwin M. ist pensionierter Staatsbeamter, mit Wohnsitz in der Josefstadt. Seit vier Jahren Witwer, hat er, nach dem Tod seiner Frau im Allgemeinen Krankenhaus an der Alserstraße, mit dem Sammeln von Uhren begonnen. Er verstand vorher überhaupt nichts von Uhren. Er hatte auch jetzt zuerst bloß seine leere Zeit füllen wollen und tat das vermittels jener Gerätschaften, die erfunden wurden für die Maßgabe von Zeit. Dr. M. stellte oder hängte Uhren auf, große und kleine, um damit die dämmerigen Räume seiner großen Mietwohnung in einem Haus der oberen Pfeilgasse zu füllen.

Ein vielfältiges Ticken, untermischt von zeitweiligem Rasseln und Klingeln, trieb das stumpfe staubige Schweigen aus den Zimmern. Dr. M.s kastrierter Kater bewegte sich mit trägen Pfoten durch das Geräusch. Dr. M. hat sich zusätzlich eine kleine Bibliothek zum Thema angeschafft, darunter zwei französische Titel. Wenn er in den Büchern blättert, erkennt er die Dürftigkeit seiner Sammlung. Er redet sich dann ein, er handle nicht aus Gewinnsucht oder Ehrgeiz, sondern in einem Aufstand gegen die innere Leere. Alle Tage überprüft er seine sämtlichen Chronometer, spannt die Federn neu und zieht die Gewichte an den Pendülen auf. Die meisten seiner Stücke stammen aus Versteigerungen.

Er sitzt an diesem Vormittag im Maria-Theresien-Saal des Dorotheum, in der vierten Stuhlreihe. Er erwartet den Aufruf der Katalognummer 301-652952/0002. Bei den angebotenen Gegenständen der Auktion handelt es sich durchweg um Schmuck und Gold. Tage zuvor lagen die einzelnen Posten in den Vitrinen des anschließenden Saales, jedes Stück mit einem beigefügtem Kärtchen, das Angaben über Material, Verarbeitung, Zustand und die Summe des geschätzten Wertes enthielt.

Vorn, hinter der kirschholzfarbenen Schranke, sitzt neben dem bärtigen Auktionator eine junge Frau. Die zur Versteigerung anstehenden Posten erreichen sie in kleinen schwarzen Plastikschalen. Sie entnimmt das Schmuckstück und hält es unter eine Fernsehkamera. Schräg über ihr, gut einzusehen noch von entfernteren Sitzplätzen, hängt ein TV-Gerät mit großem Bildschirm. Der angebotene Posten erscheint darauf, während der Auktionator die Katalognummer verliest sowie die Angaben zur Beschaffenheit des Gegenstandes und seines Wertes.

Die eigentliche Versteigerung übernimmt die junge Frau. Sie ruft die Summen auf. Sie deutet auf die Bieter mit einem flüchtigen Handzeichen, und erst wenn kein neues Gebot mehr kommt, übernimmt der Auktionator und erteilt den Zuschlag. Er benutzt dazu keinen Hammer und klopft nicht auf Holz, drückt vielmehr eine Klingel, wie sie auf den Tresen von Hotelempfängen steht, damit wartende Gäste das Personal rufen können.

Vom gleichnamigen Nachfahr des Wiener Versatzhausgründers, dem zweiten Kaiser Joseph, wird ein inkognito abgestatteter Besuch im Fragamt berichtet. Es war das Jahr 1786. Majestät sollen dabei versucht haben, ihren Hut zu verpfänden, und der diensthabende Beamte sei über solches Ansinnen in höhnisches Gelächter ausgebrochen. Hierauf hätten Majestät sich zu erkennen gegeben und den Beamten verjagt, außerdem wurde eine Verfügung erlassen, daß hinfort Pfänder minderen Wertes zu akzeptieren wären.

Dies sorgte gleich für eine bedeutende Umsatzsteigerung und einen stärkeren Zuspruch. Die Klientel mußte jetzt manchmal eine lange Wartezeit in Kauf nehmen. Wenn man ein Trinkgeld gebe, heißt es höhnisch bei einem Chronisten, *so kriegt man um ein paar Stund früher sein Geld,* weil: *auf d' Bekannten schaut man z'erst.* Das alte Haus in der Annagasse wurde schließlich zu klein, woraufhin der Umzug in das soeben aufgehobene Dorotheerkloster erfolgte.

Bibiane L. ist 62 Jahre alt. Ihre Ehe ist gescheitert. Ihr Mann, ein erfolgreicher Tiroler Textilfabrikant, lebt mit einer jüngeren Frau. Anfänglich in dem Glauben, bei der Sache handle es sich bloß um ein Pantscherl, mußte sie bald erkennen, daß die neue Verbindung dauerhaft war und auch zwei Kinder daraus hervorgingen. Die Ehe wurde trotzdem nicht geschieden. Man ist gut katholisch. Die Ehe ist bekanntlich ein Sakrament.

Bibiane L. erhält von ihrem Mann eine auskömmliche Unterstützung und bewohnt ein Appartement am Kohlmarkt, das ist eine von den teuersten Adressen in Wien. Sie trägt ihre Haare hellblond gefärbt. Sie sitzt in der ersten Stuhlreihe des Maria-Theresien-Saales, neben der Frau mit dem kleinen grauen Hund, die sich freilich in dieser Minute erhebt, um die Auktion zu verlassen.

Die napoleonischen Kriege brachten dem alten Kaiserreich eine schwere wirtschaftliche Krise. Unter anderem führte sie zu einer Geldverknappung und zu einer dementsprechenden Zunahme des Pfandleihbetriebs. Das Wiener Versatzamt in der Dorotheergasse expandierte unentwegt. Die Darlehenszinsen, zuletzt bei acht Perzent, wurden vorübergehend auf zehn Perzent angehoben, und im Jahr 1812 mußte eine Obergrenze für Darlehen eingeführt werden, sie lag bei zehn Gulden im Falle von Pretiosen und bei fünf Gulden für andere Effekten.

Das Dorotheum bekam Raumprobleme. Einliegende Wohnungen wurden gekündigt und vom Versatzamt übernommen. Zur Spiegelgasse hin begann man mit dem Aufsatz eines zusätzlichen Stockwerks. Im Jahr 1835 verfügte das Unternehmen über ein Gesamtkapital von 645 986 Gulden.

Wir befinden uns im Vormärz. Die Zahl der hinterlegten Pfänder wuchs weiter. »Die von kritischen Historikern längst erkannte Kausalität zwischen Wirtschaftsentwicklung und Revolution«, sagt der Wissenschaftler Felix Czeike, der eine Geschichte des Dorotheum verfaßt hat, »kann somit anhand des Versatzamtes aufs neue bestätigt werden.«

Die Revolution fand statt und mißlang. Bald gründete

das Dorotheum Filialen, die erste in der Josefstadt. Die wirtschaftliche Verbindung mit der Armenkasse fiel fort, und gegen Ende des 19. Jahrhunderts, Wien war jetzt eine Millionenstadt, erwiesen sich die alten Klostergebäude des Dorotheums als abermals zu eng. Sie wurden demoliert, und es entstand, zwischen den Jahren 1889 und 1901, das Palais des Architekten Emil Förster.

Unmittelbar an der Schranke des bärtigen Auktionators im Maria-Theresien-Saal stehen zwei Damen, Frau Wohlgemuth und Frau Dr. Krenmayr. Sie halten Notizen in der Hand. Die beiden sind Sensale, was Makler bedeutet, das Wort kommt aus dem Lateinischen, *censualis,* und hieß ursprünglich Steuereinnehmer. Nämlich, ein Interessent muß, wenn er einen Posten ersteigern will, bei einer Auktion nicht persönlich auftreten. Er kann sein Interesse einem Sensal übermitteln, und der wird den übernommenen Auftrag dann ausführen, exakt im Rahmen der zuvor vereinbarten Preisspanne.

Bei den ersten fünfunddreißig Posten im Maria-Theresien-Saal liegen Angebote der Sensale vor, und der Zuschlag geht in der Mehrzahl der Fälle an sie. Der Auktionator nennt den abschließenden Preis, ruft: »Zum dritten, Auftrag Dr. Krenmayr!«, schlägt auf die Klingel und füllt den Zettel aus, den ihm seine Assistentin reicht. Manchmal erfolgt eine Steigerung überhaupt bloß zwischen Frau Wohlgemuth und Frau Dr. Krenmayr. Manchmal liegt nichts als das Kaufgebot eines Sensal vor.

Frau Bibiane L. bedient sich keines Sensal, gleichwohl steigert sie nicht persönlich. Vielmehr hat sie ihr Kaufgebot zuvor telefonisch hinterlegt und wartet jetzt darauf, ob sie den Zuschlag erhalten wird oder nicht. Sie genießt das Warten. Sie genießt es, zu erleben, ob ihr Auftrag durchkommt oder nicht.

Sie könnte, wenn ihr danach zumute wäre, ein Fremdgebot, das über ihrem Auftrag liegt, ihrerseits überbieten, aber das hat sie noch niemals getan. Sie will vermeiden, daß Bekannte oder Kriminelle verfolgen, wie sie eine Pretiose ersteigert und zu welchem Preis. Sie sitzt im Saal und verfolgt die Versteigerung, als nähme sie an einem Schauspiel teil, das sie nichts angeht. Tatsächlich gehen viele Leute hierher zur Versteigerung aus bloßem Zeitvertreib.

Das Dorotheum wurde durch ein 1979 vom Nationalrat verabschiedetes Gesetz eine Ges.m.b.H. im hundertperzentigen Besitz der Republik Österreich. Es beschäftigt 500 Angestellte, davon 300 in Wien, davon 80 ausgebildete Schätzmeister und Experten. Im gesamten Land existieren 22 Filialen, und seit 1992 gibt es eine ausländische Niederlassung, in Prag.

Schon seit dem Jahr 1923 verfügt das Dorotheum auch über eine eigene Bank. Sie befindet sich dem Hauptgebäude in der Dorotheergasse genau gegenüber. Noch immer werden Pfänder beliehen, aber längst bestimmt die Aktivitäten des Hauses das Antiquitätengeschäft, teils im freien Verkauf, überwiegend jedoch auf dem Weg über die Versteigerung.

So gibt es bedeutende Auktionen alter und neuer Kunst, die (vergeblich) einen gleichen Rang beanspruchen wie die bei Christie's oder Sotheby's. Es gibt außerdem Auktionen von Briefmarken, Münzen, Möbeln, Autographen. Zusammen werden pro Jahr um die 1000 Versteigerungen abgehalten, und der Gesamtumsatz 1993 betrug 1,48 Milliarden Schilling.

Der Auktionator ruft auf: »Niellierte silberne Herrentaschenuhr, Pallas-Doppelmantel, weißes Emailzifferblatt mit römischen Ziffern, Minutenring, kleine versenkte Sekunde bei sechs, gehfähiges Ankerwerk, Durchmesser fünf Komma zwei Zentimeter, österreichische Einfuhrpunze 1902 bis 1922. Siebentausend Schilling.«

Dr. M. sieht auf dem Bildschirm das Objekt. Der Anhänger deutet in die linke obere Ecke des Gerätes. Die Assistentin blickt ins Leere. Dr. M. hebt die Hand. Die Assistentin ruft gleichmütig: »Siebentausendsiebenhundert. Zum zweiten.« Sie wartet einen Augenblick, bis der Auktionator ruft: »Siebentausendsiebenhundert. Zum dritten.« Er schlägt mit der flachen rechten Hand auf die Klingel und sagt: »Der Herr in der vierten Reihe.«

Dr. M. steht befriedigt auf, um sich zur Kassa zu begeben und die ersteigerte Summe zu entrichten, zuzüglich zwölf Perzent Erstehungsgebühr und zwanzig Perzent Mehrwertsteuer. Er wird sich die ersteigerte Uhr aushändigen lassen und danach die Versteigerung verlassen. Die Reihen hinter ihm haben sich etwas geleert. Es warten auch keine Leute mehr in den Gängen.

Die beiden Sensale haben den Maria-Theresien-Saal bereits verlassen. Immer häufiger kommt es jetzt vor, daß ausgerufene Posten kein Angebot erhalten. Der Auktionator sagt: »322-649330, geteilt durch zwei. Goldene Fassonhalskette, Länge circa 50 Zentimeter, 54 Komma drei Gramm, gebraucht. 2800 Schilling.«

Lajos Nemeth legt seine ungarische Zeitung beiseite. Er hebt den Arm. Er ist nicht der einzige Bieter. Die Assistentin des Auktionators nennt eilig die sich in Schritten von dreihundert Schilling erhöhenden Preise. Bei 3700 nimmt Lajos Nemeth seinen Arm herunter. Der Auktionator sagt: »Viertausend, zum dritten. Der Herr rechtsstehend.« Lajos Nemeth erhebt sich und verläßt den Saal.

Er ist enttäuscht, daß er für das von ihm ausgesuchte Objekt keinen Zuschlag bekommen hat, wieder einmal. Er ist zufrieden, daß er eine größere Geldsumme gespart hat, wieder einmal. Sowieso besucht er das Dorotheum, weil er gerne hier ist und weil er keinen besseren Ort weiß, seine freie Zeit zu verbringen.

Er geht die breite steinerne Treppe hinab bis ins Erdgeschoß. Der Glashof, sieht er, ist geöffnet. Derzeit werden dort Objekte einer bevorstehenden Auktion gezeigt, Gerätschaften des altösterreichischen Kaiserhauses: Gemälde, Statuen, Möbel, Geschirr, Autographen, Nippes.

Lajos Nemeth geht langsam an den Gegenständen vorbei. Ein paar Schuhe der Kaiserin Elisabeth stehen in einer Vitrine, Seide mit Spitzenbesatz. Die Kaiserin Elisabeth war im alten Königreich Ungarn außerordentlich populär, wegen ihrer Freundschaft mit dem Grafen Andrássy. Lajos Nemeth liest die Summe der Wertschätzung für die Schuhe, die auf einem Kärtchen in der Vitrine steht und die 25 000 bis 30 000 beträgt. Er schüttelt traurig den Kopf. Ehe er in der Leopoldstädter Spedition zu arbeiten begann, hat er vier Semester Kunstgeschichte studiert, an der Universität Budapest.

Im Maria-Theresien-Saal hat Bibiane L. inzwischen einen Armreif aus Dreifarbengold, außerdem vier ungefaßte Brillanten ersteigert, für die Summe von zusammen 12 000 Schilling. Sie ist zufrieden. In ein paar Tagen wird sie die Gegenstände abholen. Sie wird in der nächsten Woche wieder zu einer der Schmuckauktionen kommen. Es finden davon durchschnittlich drei die Woche statt, mit jeweils um die hundert Posten im Angebot. Bibiane L. fragt sich nicht, woher die vielen Schmuckgegenstände stammen. Der Nachschub soll derzeit bevorzugt aus dem Osten kommen, aus Rußland, aus der Ukraine, aus Rumänien, und häufig soll er von zweifelhafter Herkunft sein, was sich weder bestätigen noch widerlegen läßt, denn zu den Grundsätzen des Dorotheum gehört die unbedingte Anonymität des Einbringers. Frau L. hat von alledem gehört, aber es beschäftigt sie nicht.

Zwei Stockwerke über dem Maria-Theresien-Saal befinden sich die Verwaltungsräume der Direktion. In einem der Zimmer sitzt Mag. Michaela Strebl, verantwortlich für Öffentlichkeitsarbeit und Public Relations, eine junge hochgewachsene Frau. Sie verteilt ein computergeschriebenes Merkblatt mit den wichtigsten Daten zur Geschichte und Tätigkeit des Hauses, in dem es zum Beispiel heißt: »Neben enormen Verlusten an Sachwerten durch unmittelbare Kriegseinwirkungen hatte das Dorotheum auch viele seiner Kunden verloren, die entweder umgekommen oder emigriert waren.« Wer über den Wortlaut nachdenkt, wird erkennen, daß mit den vorsichtig umschriebenen Kunden die Juden gemeint sind.

Ein Stück vom Palais weiter nördlich in der Dorotheergasse befindet sich seit neuestem ein Jüdisches Museum. Das Gebäude gehört dem Dorotheum, das Museum ist darin Mieter. Es gibt eine ständige Ausstellung und wechselnde Expositionen, zum Beispiel über Anhänger und Mitarbeiter des Begründers der Psychoanalyse, Sigmund Freud. Alte Fotos sind ausgestellt, verfertigt auf einem Kongreß im Jahr 1934, von Nachum T. Gidal, einem heute sehr alten Menschen, der in Israel lebt.

Die Hauptausstellung des Jüdischen Museums trägt den Titel »Hier hat Teitelbaum gewohnt«. Kultgegenstände werden gezeigt, Urkunden, Bilder, Bücher, Briefe, Stadtpläne, Medaillen, Skizzen, auch Davidsterne aus gelbem Stoff, wie Juden sie tragen mußten unter der Hitlerei. Teitelbaum war ein geläufiger ostjüdischer Name. Er war nicht ganz so häufig wie der Name Goldschmidt oder Cohn. Im Wiener Adreßbuch von 1938 kam Teitelbaum sechzehnmal vor. Der Katalog notiert: »Von den 1938 in Wien lebenden Juden gelang rund 110 000 die Flucht, 65 459 kamen in Konzentrationslagern um.«

Bibiane L. verläßt das Hauptgebäude des Dorotheum. Sie geht die Gasse hinab in Richtung Graben. Als sie am Jüdischen Museum vorübergeht, sieht sie drei junge Menschen, die ratlos an der Eingangstür zerren. Es ist Samstagsvormittag, Schabbes, das Museum hält geschlossen. Frau L. weicht den dreien aus und geht weiter. Das Jüdische Museum und seine Besucher interessieren sie nicht.

Feuilleton

1 Eigentlich hieß er mit Nachnamen Polak. In klassischen jüdischen Witzen ist dies der Name des ungebildeten Neureichs. Alfred Polgar erzählt, wie er in einer Berliner Hotelhalle gesessen habe und auf den Ausruf hin, ein Herr Polak werde am Telefon verlangt, er sowie noch drei andere Herren, die offiziell auch nicht Polak oder Pollack hießen, aufgesprungen seien, um dem Apparat entgegenzueilen. Polak war also nicht bloß ideologisch vorbelastet, Polak war verbreitet. Es gab in Wien noch wenigstens einen Träger dieses Namens, der auch ein Literat war, man kennt ihn als Ehemann von Kafkas Freundin Milena.

Alfred Polgar wurde 1873 geboren, im II. Wiener Gemeindebezirk, Leopoldstadt, der »Judeninsel«, wo die Zahl der jüdischen Bewohner besonders hoch war. Polgars Vater arbeitete als Klavierlehrer. Der junge Mann besuchte mit mäßigem Erfolg ein Gymnasium, wechselte danach auf eine Handelsschule, um schließlich, 1895, in die Redaktion einer Tageszeitung einzutreten. Er fing zu schreiben an. Er würde sein Lebtag nie mehr etwas anderes tun.

Er befreundete sich mit Egon Friedell, dem genialisch-versoffenen Schauspieler, Kabarettisten und Kulturhistoriker. Er verfeindete sich mit Arthur Schnitzler, und da er Peter Altenberg und Frank Wedekind schätzte, durfte er sich der zeitweiligen Zuneigung des wetterwendischen Karl Kraus erfreuen.

Im Januar des Jahres 1905 reiste der Herausgeber der Berliner Zeitschrift Die Schaubühne, Siegfried Jacobsohn, in die österreichische Hauptstadt, um sich einen Wiener Korrespondenten zu suchen. Er fand Alfred Polgar. Er behauptete alsbald von diesem, der brenne »auf der Zunge wie Hennessy Dreistern«. Der Vergleich mit einem besonders edlen Feuerwasser war die erste von gleich mehreren literarischen Liebeserklärungen, die der Schaubühnen-Chef insgesamt äußern sollte.

Polgar saß vornehmlich im Kaffeehaus. Er spielte dort Schach und Tarock und wurde berühmt für seine liebenswürdige Unnahbarkeit und für seine Melancholien. Man erzählte von ihm, daß er, als ein aufdringlicher Bewunderer ihn beim Verlassen des Kaffeehauses fragte, welchen Weg er nähme, freundlich zur Antwort gegeben habe: »Den entgegengesetzten.«

Als 1914 der vaterländische Wahnsinn ausbrach, zählte er zu dem sehr kleinen Häuflein der besonnenen Skeptiker. Seine Texte, die das belegen können, brachte er an die Öffentlichkeit trotz der herrschenden Zensur, etwa *Theaterabend 1915*, wo fortwährend die perverse Verbindung des herausgeputzten Wiener Premierenpublikums zum Krieg assoziiert wird: ». . . in den ersten Reihen der Ränge liegt es wie Linien abgeschlagener Köpfe hinter der samtenen Brüstung.« Diese Skizze druckte unbeanstandet die Berliner Schaubühne. Auf Wiener Andeutungsprosa waren die preußischen Aufpasser nicht vorbereitet.

1908 erschien eine Buchpublikation seiner Feder, die erste von schließlich 27. Das ist, wie schmalbrüstig viele dieser Bände sein mögen, eine fast bedrückende Ziffer. Er war außerordentlich produktiv. Die Gesamtzahl seiner Feuilletons geht in die Tausende. Daneben hat er fürs Kabarett gearbeitet, fürs Theater, die deutsche Fassung von Molnárs *Liliom* stammt von ihm, und er hat auch für den Film geschrieben.

Ab 1925 lebte er hauptsächlich in der deutschen

Hauptstadt. »Berlin, lautes, eckiges, liniiertes, zerfilmtes Berlin, unsüße, unbarmherzige, scharfe, gierig wollende, mit Zähnen und Fäusten das Leben haltende und zwingende Stadt, ich denke liebevoll dein, wieder hinabgetaucht in die Stadt voll Staub und Wunden, in das fidele Grab an der Donau, in die gemütlichste Katakombe Mitteleuropas, wo man, daß Leben ist, nur an den Erschütterungen der Decke merkt.« Als mit dem Brand des Wiener Justizpalastes 1927 die Hinwendung der ersten Republik Österreich zu einem autoritären Staat begann, gab es zusätzlich eine gute politische Begründung für Berliner Aufenthalte. Seine Wiener Wohnung behielt Polgar gleichwohl.

»Auf dem Kurfürstendamm trifft jeder mit großer Wahrscheinlichkeit die Menschen, die er nicht treffen will. Sie sind unter dem Spitznamen ›Bekannte‹ bekannt. Kurfürsten begegnet man relativ selten.« So schließt ein 1929 im Berliner Tageblatt gedruckter Text über den berühmten Boulevard. Die Eindrücke wurden, hier wie immer, aus der genauen Anschauung gewonnen, denn Polgar bewegte sich in den einschlägigen Kreisen. Zu seinen Freunden gehörten Fritzi Massary und Max Pallenberg, Max Reinhardt und Bernhard Reich, Curt Bois und Mischa Spoliansky, der aus Wien stammende Kunsthändler Graupe und der aus Wien stammende Zuckerwarenfabrikant Heller. Also, er bewegte sich in einer nach Preußen verschlagenen österreichischen Kolonie. Man traf sich in Grunewaldvillen, an der Bar des Hotels *Eden*, im Romanischen Café und in den Redaktionsräumen der Weltbühne.

Deren Chef hieß inzwischen Carl von Ossietzky. Polgar gehörte zu jenen Mitarbeitern, die den Chefredakteur 1932 an das Tor der Strafanstalt Tegel geleiteten, zum Antritt einer anderthalbjährigen politischen

Haft. »Schwer«, schrieb Polgar, »einen Menschen, dem alle Freundschaft von der ihm aufgeladenen Not nichts abnehmen kann, solche Freundschaft zu versichern und ihm zu sagen, man schmecke das Bittere, das er allein durchkosten muß, mit. Es ist schwer, weil es so leicht ist.« Ein halbes Jahr später entkam er selbst nur mit knapper Not der Verhaftung durch die Nazis. Ein Anruf des Wiener Freundes Berthold Viertel hatte ihn gewarnt.

Er ging zurück nach Wien. Er wohnte im Bräuner-hof in der Stallburggasse, ein Mitmieter im Haus war Engelbert Dollfuß, Österreichs erster austrofaschisti-scher Diktator. »Am Vormittag des 25. Juli 1934 aber verließ Dollfuß die schützende Stallburggasse 2. Frau Büff, die eben den Flur scheuerte, erzählte, er hätte ihr besonders nervös erschienen. Doch das empfand sie, stets zur Legendenbildung geneigt, wohl erst hinterher so. Beglaubigt ist, von den Detektiven, daß der Kanz-ler an diesem Tag, ohne nach rechts oder links zu schauen, rasch in das Auto stieg, das ihn zur Schlacht-bank führte.« Dollfuß erlag einem von Hitler in Auf-trag gegebenem Attentat.

1938, nach der Annexion Österreichs durch Hitler, ging Polgar nach Frankreich. 1940 floh er über die Pyrenäen, zur gleichen Zeit wie Heinrich und Golo Mann, wie das Ehepaar Werfel, er reiste in die USA und wurde Lohnschreiber bei der Filmindustrie in Holly-wood. »Zusammenfassend läßt sich sagen, daß es dem, dem es hier schlecht geht, besser schlecht geht, als es ihm unter gleichen persönlichen Umständen etwa in einer der großen Städte des Ostens ginge. Er lebt hier in entschieden bequemeren traurigen Verhältnissen als anderswo. Um die Misere blühen Rosen, und ein Ko-lobri, zuweilen, schwebt lieblich über ihr.«

Er erhielt die amerikanische Staatsbürgerschaft. Er

übersetzte amerikanische Erfolgsstücke ins Deutsche, *Mein Freund Harvey* und *Das Lied der Taube*. Er kehrte erstmals 1949 nach Europa zurück und nahm sein altes Journalistenleben wieder auf. Er war jetzt ein alter Herr von 76. Er hatte einen Herzinfarkt hinter sich. Es erschienen neue Bücher von ihm.

Am 23. April 1955 saß er in einem Zürcher Hotel und verfaßte eine Kritik über drei Theaterbesuche in Deutschland, für Friedrich Torbergs in Wien erscheinende Zeitschrift Forum. Einen Tag später starb er. Die letzten Zeilen seines letzten Textes galten einer Aufführung von Shakespeares *Was ihr wollt*. »Die Dekorationen waren übermütig gelaunt, jedes Versatzstück eine Pointe.« Das las sich nun fast wie ein Nachruf des Verfassers auf sich selbst.

2 Schriftsteller handeln immer von sich. Feuilletonisten, das liegt an der von ihnen gewählten Form, tun dies besonders unmaskiert und unverstellt. Polgars Biographie war der Stoff seiner Arbeiten, was indessen nicht bedeutete, daß er sein eigenes Dasein etwa heroisiert oder dämonisiert hätte: »Die Daten meines äußeren Lebens sind nicht belangvoll«, schreibt er in der Vorrede zu *Handbuch des Kritikers*. »Die meines inneren sind es nur für mich.« ». . . er liebte es zurückzutreten, beiseite zu treten«, notiert Hans Weigel, Alfred Polgars literarischer Nachfahr, »er nahm sich und seine Arbeit wichtig, aber er machte sich nicht wichtig.« Was nichts anderes heißt als: Die Entscheidung Alfred Polgars für die kleine literarische Form war Ausfluß seiner charakterlichen Bescheidenheit.

Er hat verschiedentlich dazu angesetzt, seine Wahl

zu begründen: ». . . ich möchte für diese kleine Form, hätte ich hierzu das nötige Pathos, mit sehr großen Worten eintreten: denn ich glaube, daß sie der Spannung und dem Bedürfnis der Zeit gemäß ist, gemäßer jedenfalls als, wie eine flache Analogie vermuten mag, geschriebene Wolkenkratzer es sind. Ich halte episodische Kürze für durchaus angemessen der Rolle, die heute der Schriftstellerei zukommt.« Er sieht sein Verfahren als »konsequentes, mit mancher Qual verknüpftes schriftstellerisches Bemühen, aus hundert Zeilen zehn zu machen«. Er weiß, daß er sich damit in die Gefahr begibt, als »Autor für Nachspeise- und Vorschlummerstündchen« zu gelten und nimmt dies in Kauf. Warum? Außer dem Mißtrauen gegen jede prätendierte Wichtigkeit der eigenen Person scheinen ihn auch Zweifel am eigenen Metier bewegt zu haben. Es existiert ein einziges größeres Romanprojekt seiner Feder, erhalten blieb davon das Eingangskapitel, Held ist die archetypische Figur des Homer, und die Psychogenese des Helden liest sich wie folgt:

»Es geschah also einmal, als Homer Torybulos beim Glätten der Bogen zuguckte, daß eine ganze Schar dem Raufbold Aufsässiger über den Drechsel herfiel. Torybolus schlug blind um sich. Homer verschwand hinter deckendes Gebüsch. Von dort folgte er interessiert der Schlägerei, die damit endete, daß Torybulos auf dem Platz blieb. Es kamen Leute, bemühten sich um ihn; seine Blicke funkelten haßerfüllt zu Homer hinüber. Da begann dieser von dem Kampf, dessen Zeuge er gewesen war, zu erzählen – und es blühte aus seinem Mund eine Schilderung vom kühnen Widerstand des Torybulos, die allem Publikum und dem Helden der Erzählung selber das Herz höher schlagen ließ . . . Dankbar sah der Geprügelte auf den, der ihn im Stich gelassen hatte.«

Das Thema ist: Literatur und Lüge, Literatur als Lebenslüge. Offensichtlich gepeinigt von aller Hochstapelei in Kunst und Leben, machte sich Polgar eine aus skrupulösestem Mißtrauen geschliffene Moral, die eins war mit seiner Ästhetik. Es ging ihm um Wahrheit. Es ging ihm ums Wesentliche. Das bedeutete allemal: Reduktion. Beigebracht hat er sich dieses Verfahren als Theaterkritiker: ein Geschäft, dem er sich lebenslang niemals ganz entfremdete. Die letzte Arbeit unmittelbar vor seinem Tode war nicht zufällig eine Rezension.

Er hatte sich rasch in die theaterkritische Prominenz geschrieben. Neben Kerr, Jacobsohn und Ihering wurde er der wichtigste Rezensent des Theaters der Republik von Weimar. Kurt Tucholsky, der ihn förmlich geliebt hat, dem es niemals gelingen wollte, »herauszukristallisieren, was eigentlich ... den Charme, den Reiz, den Wert und die Qualität« von Polgars literarischer Existenz ausmache, rühmt ihm nach, er habe »die Millemesimalwaage der Kritik erfunden. Mit Ausnahme des alten Fontane weiß ich keinen Theaterkritiker deutscher Sprache, der so aufs Augenhärchen genau sagen kann, was er sagen will.«

Worte wie Charme, Anmut, Finesse, Geist, Eleganz kehren unentwegt wieder in den Urteilen über Alfred Polgar und seine Arbeit. Er war ein Stilist von höchsten Graden, das macht: er war Wiener, Österreicher, er sprach und schrieb das Deutsch einer hegemonialen Minderheit, das sich gegen den Druck anderer, zumeist slawischer Idiome ständig behaupten mußte und dabei eine äußerste Biegsamkeit und Sensitivität erreichte. Die moderne Sprachphilosophie ist nicht umsonst in Wien entstanden, durch Leute wie Mauthner und Wittgenstein. Der Umgang mit Assonanzen, mit Doppeldeutigkeiten, mit Wortwitz ist für Polgar so konstitutiv gewesen wie für Karl Kraus. Die strukturalistische

Scheidung von sprachlichen Zeichen und dem davon Bezeichneten, die Spannung zwischen beiden und das ständige Bemühen, solche Spannungen wissentlich auszuhalten, es alles war Alfred Polgars Verfahren, die Lüge zu zerstören, damit Wahrheit kenntlich wird.

In fast allen seinen politischen Feuilletons wurde es Polgars Methode, die Weltgeschichte gleichsam zu diminuieren, das Großereignis auf den einzelnen Akteur, auf den einzelnen Betroffenen zu konzentrieren, dessen Sprachhaltungen zu belauschen, das gewaltige Geschehnis abzumagern, bis bloß noch das dramaturgische Skelett verblieb. So hat er dann auch Städte und Landschaften beschrieben, Gerichtsverfahren gegen große und kleine Leute: fast nie polemisch, immer leise, dabei immer erbarmungslos genau.

»»Was wünschen Sie zum Abendbrot?‹ fragte der Gefängnisdirektor den armen Sünder, der morgen früh am Galgen sterben sollte. ›Sie dürfen essen und trinken, was und wieviel Sie wollen.‹ – ›Schade!‹ sagte der Delinquent. ›Schade!! Wenn Sie mich das drei Monate früher gefragt hätten, wär' der ganze Raubmord nicht passiert.‹« Die Überschrift dieser Miniatur lautet: *Soziale Unordnung.*

Er war eine kosmopolitische Natur, fast überall zu Hause und nirgends daheim. Das heimliche Zentrum seines geistigen Lebens war und blieb Wien, das er haßte mit dem rituellen Haß der meisten Wiener Intellektuellen, hinter dem ein unheilbares Attachement wohnt. »Die Berichte von Wiens Elend sind wahr. Die Berichte von Wiens Wohlbehagen sind auch wahr. Der Berichterstatter muß nur definieren, was er meint, wenn er ›Wien‹ sagt.«

Bühnenleben

Es steht auf einem stadtarchitektonischen Gelände, das sich eingrenzen läßt mit dem Gebäude der Secession, Olbrichs phantastischer Moschee des österreichischen Jugendstils, mit der Rückseite der Technischen Hochschule und dem Naschmarkt, das ist Wiens größte Viktualienbörse und eine Arena für besonders drastische Reden. Die Situation ist wohl kein Zufall. Von alledem hat dieses Theater etwas, da es sich in seiner Geschichte oder Gegenwart ihm zuneigte oder davon übernahm.

Seine Geschichte läßt sich ebenso gut ablesen in seinen Architekturen, innen und außen, sie stehen nebeneinander oder überlagern sich wie Sedimente in der Geologie. Die kostbarsten Mauern sind gewiß jene, die nach Osten zeigen. Empire, schönbrunnergelb, die vielen Fensterkreuze dunkelgrün, Wiener Farben des 19. Jahrhunderts. Ein Tor wird von steinernen Figuren überdacht. Eine schmiedeeiserne Laterne wächst dunkel aus der Wand. Die Rückseite mit dem Bühneneingang zeigt sich schmuckloser. Die Farben bleiben. Die Fassade zur Wienzeile hin ist dagegen weiß, Figuren und Dekors sind die der späten Gründerjahre. Der eigentliche Eingang zeigt jene etwas öden Zutaten eines Großkinos oder Warenhauses aus dem Jahre 1960. Die Büroräume im Inneren haben Italo-Design. Man meint, in einer erfolgreichen Werbeagentur zu sitzen.

Das Theater an der Wien ist zweihundert Jahre alt. Es befindet sich im sechsten Wiener Gemeindebezirk, Mariahilf, also bereits jenseits der Ringstraße. Der sechste Gemeindebezirk umfaßt unter anderem die ehemaligen Vorstädte Gumpendorf, Leimgrube und Magdalenagrund.

Das Theater an der Wien ist das zweitälteste von allen heute existierenden Theatergebäuden in Österreichs Kapitale. Älter ist bloß das Theater in der Josefstadt, das bereits seit 1776 steht. Das Theater an der Wien freilich besaß einen unmittelbaren Vorläufer, der nun noch älter ist.

Ab dem Jahre 1770 sind in der nahegelegenen Vorstadt Wieden die ständigen Gastspiele einer vazierenden Schauspielertruppe bezeugt. Ihr Prinzipal, Christian Roßbach, baute und eröffnete schließlich 1787 im großen Hof des Freihauses ein stehendes Theater. Das Freihaus war das zu jener Zeit größte Privatgebäude von Wien überhaupt. Es befand sich im heutigen vierten Wiener Gemeindebezirk, ungefähr westlich vom Karlsplatz, und gehörte der Gräflich-Starhembergischen Familie. Es bot Platz für eintausend Menschen. Es verfügte mit der Rosalienkapelle über seine eigene Kirche. Es hatte ein eigenes Lusthaus, in dem zeitweilig Wolfgang Amadeus Mozart logierte.

Das Freihaustheater erhielt schon bald in dem Theaterdichter Johann Friedel einen neuen Besitzer. Seine Mitgesellschafterin wurde Eleonore Schikaneder, und als Friedel starb, war sie die testamentarisch bestimmte Alleinerbin. Sie holte sich ihrerseits als Mitdirektor ihren Ehemann, der die Vornamen Johann Josef trug, sich aber lieber Emanuel nannte. Er war ein aus Bayern gebürtiger Schmierenkomödiant. Sehr viel früher einmal hatte er in Salzburg gastiert, wo er in freundschaftliche Beziehungen mit der Familie von Leopold Mozart getreten war.

Schikaneder schrieb sich seine Texte selbst. Von ihm stammen 55 Sprechstücke, außerdem zahlreiche Libretti zu Singspielen. Als es dem von ihm geleiteten

Freihaustheater wirtschaftlich einmal nicht sehr gut ging, 1791, bestürmte er Mozart, ihm eine neue Oper zu komponieren, Mozart willigte ein, und so entstand *Die Zauberflöte*. Schikaneder hatte das Textbuch verfaßt und gab selber den Papageno.

Probleme mit der Ökonomie sollte er fortwährend behalten. 1790 hatte er von Kaiser Franz II. das Privilegium zum Bau eines eigenen größeren Theaters erhalten: nach einem Dutzend Jahren der einschlägigen Bemühungen. Sofort kaufte er auf der Leimgrube die Nr. 26, das Höllenburgsche Haus, ließ es abreißen und an dessen Stelle ein Schauspielgebäude errichten, nach den Plänen des Architekten Franz Jäger.

Konnte er sich dies leisten? Sehr gut konnte er das, denn inzwischen war sein Geschäftspartner ein Kaufmann geworden, Bartholomäus Zitterbarth. Der verstand zwar überhaupt nichts vom Theater, aber er liebte es abgöttisch, und außerdem war er reich. Zitterbarth und Schikaneder kannten einander aus ihren Zusammenkünften in der nämlichen Freimaurerloge.

Das Freihaustheater spielte noch bis zum 12. Juni des Jahres 1801. Alsbald wechselte die gesamte Compagnie an das andere Ufer des Wienflusses und eröffnete schon Tags darauf unter großem Rumoren ihre neue Bühne mit einer von Schikaneder verfaßten Oper, *Alexander*, Musik Franz Tayber.

Das Theater an der Wien war in nur zwölf Monaten und sechzehn Tagen errichtet worden, das bedeutete für die damaligen Verhältnisse eine geradezu sensationell kurze Zeit. Die Leitung der Arbeiten hatte der Baumeister Joseph Reymund gehabt, und die Abnahmekommission unter der Leitung des Landesregierungsrates und Stadthauptmanns-Amtsverwesers Freiherr von Sala hatte lediglich das Fehlen eines Feuerwehrschlauches zu bemängeln. Einschließlich der sehr zahlreichen Stehplätze bot das Gebäude Raum für insgesamt 2200 Personen. Es stellte damit das bei weitem größte und außerdem das modernste Theater in der Stadt.

Der Bühnenapparat war nach persönlichen Plänen Schikaneders konstruiert. Die Kulissen wurden nicht mehr, wie anderswo üblich, von der Seite her bewegt, vielmehr an Zügen von oben und von unten. Der Hauptvorhang, die Kurtine, hob sich völlig geräuschlos vermittels eines Flaschenzugs. Die Sitze waren viel bequemer als selbst im Hoftheater, die Logen in den vier Rängen boten vorzügliche Sicht, das Dekor an den Wänden und Brüstungen war überaus prächtig. Adolf Bäuerle, Besitzer einer Theaterzeitung und als Dramatiker selber ein Mann der Bühnenpraxis, schrieb, wenn das neue Theater die Idee gehabt hätte, »Eintrittsgelder nur für das Beschauen seiner Herrlichkeiten anzunehmen: Schikaneder hätte durch drei Monate, ohne eine Theatervorstellung zu geben, gewiß enorme Summen eingenommen«.

Das neue Theater an der Wien wurde eine von insgesamt fünf ständigen Bühnen in Wien. Zwei andere befanden sich in der Inneren Stadt: das Hoftheater nächst der Burg, am Michaelerplatz, sowie das Theater am Kärntnertor. Die übrigen Häuser standen allesamt in den Vorstädten: eines in der Josefstadt, eines in der Leopoldstadt, das jüngste nunmehr an der Wien.

Theater als Architektur läßt sich für die Nachwelt allzeit abrufen. Theater als gespielte Vorstellung ist ein transitorisches Geschäft und bleibt dies selbst noch heute, da die Aufführungen sich zwar konservieren lassen, nicht aber zugleich das Klima und die Stimmung der jeweiligen Besucher. Für die Zeit von Emanuel Schikaneder existieren bloß erst die allerbescheidensten Mittel einer technischen Reproduktion: ein paar zufällig in Briefen, Reiseberichten und Journalen niedergelegte Urteile, ein paar Bilddarstellungen von minderer Kunstfertigkeit. Nicht einmal die Textbücher können uns aufhelfen, da Theaterspielen damals häufig, und in Wien besonders, Extempore bedeutete, Improvisation aus dem Herkommen der Commedia dell'arte.

Die Theatertradition Wiens war in der Ära des Emanual Schikaneder kaum viel älter als hundertfünfzig Jahre. Sie besaß zwei Wurzeln: das geistliche Barocktheater der Jesuiten und die Gastspiele fahrender Compagnien aus dem Ausland, Italien vor allem, daneben England. Freilich läuft alles Theater im christlichen Europa wieder auf den einen und einzigen Ursprung zurück: die kirchlichen Spiele von der Hinrichtung und Wiederauferstehung des Herrn Jesus Christus zu Ostern, denen, je später, desto ausführlicher, weltliche Intermezzi beigegeben wurden, mit Satan als dem vulgären Hauptakteur.

Er sollte, wenn er auftrat, Abscheu und Entsetzen verbreiten. Dies geschah, indem er getreu seiner biblischen Rolle hemmungslos das Verbotene anpries. Die von ihm vertretenen Sünden schienen so schrecklich wie süß. Die Liturgien der Kreuzigung kannte man, bis zum Überdruß, da sie sich immer wieder glichen. Die Liturgien des Teufels waren überraschend, abwechslungsreich und voller Subversion.

So wurde der Theater-Satan alsbald zum ästhetischen Ahnherrn all jener lästerlichen Schelme, Possenreißer und Liederjane, die je nach ethnischem Hintergrund Arlecchino, Fool oder Pickelhering hießen. Ihre Vorliebe für die Sphäre des Fäkalischen und Sexuellen veranlaßte den Aufklärer Gottsched aus Leipzig, sie auf dem Theater zu vernichten, zugunsten jener höheren dramatischen Kunst, deren Modelle er in der französischen Klassik von Corneille und Racine vorfand. Auch in Wien gab es einen solchen Präzeptor, er hieß Joseph von Sonnenfels. Im Unterschied zu seinem deutschen Vorbild ist er gescheitert, und die lustige Figur auf dem Wiener Theater blieb erhalten.

Bloß die höfische Sprechbühne folgte seinen Geboten, und das Kärntnertortheater wurde zu seinen und Schikaneders Zeiten mehr und mehr der musikalischen Szene vorbehalten, daß schließlich die Hofoper daraus werden konnte. Der Ursprung dieses Bühnenhauses freilich liegt noch bei der Commedia, vermöge eines populären Komödianten namens Josef Anton Stranitzky.

Der zog, es war das Jahr 1700, aus den entschieden feuergefährlichen Holzbuden, mit denen sich die fahrenden Schauspieler bis dahin begnügten, in dieses feste Haus am südlichen Rande der Inneren Stadt. Stranitzky hat außerdem als erster ein besonderes österreichisches Profil für die lustige Person erfunden. Sein bäuerlicher Hans Wurst war der ästhetische Vater all jener Kasperl, Thaddädl und Staberl, die, während der folgenden hundert Jahre, zur jeweils eigentümlichen Harlekins-Figur bestimmter populärer Theaterleute wurden. Ein Wesen, halb Vogel, halb Mensch, war dabei die Erfindung des Theatermannes Emanuel Schikaneder, er nannte sie Papageno.

Die Zauberflöte ist noch im Freihaustheater uraufgeführt worden. Schikaneder nahm sie mit an seine neue Bühne, wo sie zu Beginn des Jahres 1802 in einer Neuinszenierung herauskam und gleich zum größten künstlerisch-geschäftlichen Erfolg des Hauses wurde. Zum größten und zum einzigen auch. Anderes, womit Schikaneder Aufsehen erregte, blieb Äußerlichkeit, wie der Regenschirmverleih, der vom Theater eingerichtet worden war, um den Komfort für die Besucher anzuheben.

Man spielte Opern, Ritterstücke, Trauerspiele und Possen. Die stärksten ästhetischen Attraktionen kamen häufig bloß von den Bühnenbildern des Vincenzio Sacchetti. Insgesamt gab es drei defizitäre Spielzeiten hintereinander, dann wollte Bartholomäus Zitterbarth die Geschäftsunfähigkeit seines Prinzipals Emanuel Schikaneder nicht länger hinnehmen. Er verkaufte das Theater an der Wien der Konkurrenz, nämlich dem Hoftheater-Pächter von Braun. Emanual Schikaneder ging erst nach Brünn, dann nach Steyr, kehrte schließlich wieder zurück nach Wien, verarmte dort völlig und starb in geistiger Umnachtung.

Der neue Eigentümer berief zum Direktor Joseph Sonnleithner, einen ehemaligen Sekretär Kaiser Josephs ii. Sonnleithner war Beamter, Schriftsteller, Musiker und Regisseur, er war Mitbegründer der Gesellschaft der Musikfreunde und des Wiener Konservatoriums, er war ein leiblicher Onkel des Dichters Franz Grillparzer und ein persönlicher Freund Ludwig van Beethovens. Ihm war zu danken, daß Beethovens einzige Oper, *Fidelio*, im Theater an der Wien uraufgeführt wurde, den 7. April 1805. Die Stadt war soeben von den napoleonischen Truppen besetzt worden, das Parkett blieb fast leer, bis auf ein paar französische Offiziere, die den Text nicht verstanden und die Musik nicht goutierten.

Der Freiherr von Braun hatte so wenig geschäftliche Fortune wie sein Vorgänger Zitterbarth. Er schloß das Haus. Auf kaiserlichen Befehl mußte es alsbald wieder eröffnet werden, worauf es der Freiherr von Braun an ein Konsortium von drei Aristokraten veräußerte, der Preis betrug über eine Million Gulden. Das Theater an der Wien gedieh jetzt zum Ort der großen Ausstattungsstücke, mit Massenszenen, mit großen Gefechten und vielen lebenden Pferden auf der Bühne. Einmal wurde ein Schauspieler von seinem scheuenden Gaul in den Orchestergraben geworfen. Der Akteur blieb unverletzt, bloß einige Instrumente zerbrachen.

Von den drei Aristokraten, denen jetzt das Theater gehörte, war der mächtigste ein ungarischer Magnat, Graf Pálffy von Erdöd. Er ließ Schiller spielen und Kleist. 1813 zahlte er seine beiden Compagnons aus und wurde alleiniger Direktor. Er ließ Weber und Rossini geben, Grillparzer und immer wieder Schiller, seine Spezialität waren, der Tradition des Unternehmens entsprechend, die prunkvollen Ausstattungen. Bei der Produktion eines biblischen Stückes beispielsweise wurden pro Vorstellung allein Duftstoffe im Wert von einhundert Gulden verplempert.

Eine andere Spezialität des Hauses waren die Kinderballette. Sie fanden viel Beifall, zumal bei den Liebhabern von Nymphchen, jenen Brüdern im Geist des armen Lewis Caroll: nach Abschluß der Vorstellungen standen sie mit feuchten Lippen unter der Bühnentür. Graf Pálffy gründete außerdem aus Mitteln seiner Privatschatulle einen Pensionsfonds für Ensemblemitglieder und eine Ausbildungsstätte für den künstlerischen Nachwuchs. Er leitete das Haus insgesamt zwölf Jahre und war hernach wirtschaftlich ruiniert.

Das Theater wurde versteigert. Die neuen Besitzer verpachteten es an einen Bühnenmann, der erstmals in der fünfundzwanzigjährigen Geschichte des Hauses den künstlerischen mit dem geschäftlichen Erfolg listig zu verbinden wußte.

Carl Ferdinand Bernbrunn war aus Krakau gebürtig und von Beruf Kriegsingenieur. 1805 trat er in die kaiserliche Armee ein, 1810 geriet er in Kriegsgefangenschaft, quittierte daraufhin den Militärdienst und wurde Schauspieler. Er wählte sich ein Pseudonym,

Karl Carl, spielte erst in München und danach in Wien. Hier begann er unter anderem mit den Possen von Adolf Bäuerle und scharte im Lauf der Jahre um sich ein hochberühmtes Ensemble, darunter den Komiker Wenzel Scholz, darunter den Dramatiker und Schauspieler Johann Nepomuk Nestroy.

Der wurde das vollkommene Genie des Wiener Vorstadttheaters. Begonnen hatte er seine Bühnenkarriere 1822 am Kärntnertortheater, übrigens in der *Zauberflöte*, wo er den Sarastro gab. Von Hause aus studierter Jurist, sang er acht Jahre lang an Provinzbühnen, kehrte 1830 nach Wien zurück und wurde das Jahr darauf Akteur im Theater an der Wien. Hier blieb er fünfzehn Jahre. Er war lang und spindeldürr von Wuchs, während Wenzel Scholz, sein ständiger Partner, kürzer und ziemlich dick war. Eine komische Paarung, die viele Nachahmer fand, bis hin zum stummen Film. Die spaßige Figur der klassischen Wiener Vorstadt-Posse hatte sich verdoppelt. Als dritter Darsteller tat häufig noch Karl Carl mit. So kam es zu dem komischen Trio in zahlreichen Nestroy-Stücken.

Denn nach der Manier Stranitzkys und Schikaneders schrieb sich Nestroy seine Texte vielfach selbst. Die italienische Commedia lebte in seinen Komödien weiter, da auch bei ihm noch extemporiert wurde, und in den Couplets gab es immer Strophen für den Tag und die Stunde.

Viele seiner Stoffe stammen übrigens aus dem Französischen. Er hat sie sich anverwandelt und ins Wiener Milieu übertragen. Seine berühmtesten Stücke sind allesamt im Haus an der Wien uraufgeführt worden: *Lumpazivagabundus, Zu ebener Erde und erster Stock, Der Talisman, Das Mädel aus der Vorstadt, Einen Jux will er sich machen, Der Zerrissene.*

Johann Nestroy hat in Wien insgesamt 410 Rollen

gespielt. Er stand durchschnittlich achtzehnmal per Monat auf der Bühne, und ungefähr siebzig seiner Parts verfaßte er sich selbst. Wie alle Autoren der Wiener Vorstadtposse war er ein Sprachspieler und war darin besonders begnadet. Karl Kraus, der ihn für die Nachwelt wiederentdeckt hat, beschrieb das so: »Dieser völlig sprachverbuhlte Humor, bei dem Sinn und Wort sich fangen, umfangen und bis zur Untrennbarkeit, ja bis zur Unkenntlichkeit umschlungen halten, steht über aller szenischen Verständigung und fällt darum in den Souffleurkasten, so nur Shakespeare vergleichbar, von dem auch erst Shakespeare abgezogen werden muß, um die Theaterwirkung zu ergeben.«

1845 erhielt das Haus an der Wien einen neuen Besitzer, der auch der Direktor sein wollte und es wurde. Franz Pokorny. Er trat in Verhandlungen mit Meyerbeer, Wagner und Berlioz. Er verpflichtete erstrangige Interpreten wie die schwedische Sängerin Jenny Lind. Sein Ehrgeiz war es, der Hofoper ernstliche Konkurrenz zumachen.

Er ließ technische Umbauten an der Bühne vornehmen. Das Haus erhielt zusätzliche Logen, eine Heizanlage und Gasbeleuchtung. Der Zuschauerraum wurde neu hergerichtet. Pokorny eröffnete mit Friedrich von Flotow, Lortzing komponierte seinen *Waffenschmied* für das Haus. Für den Sommer wurde ein zusätzliches Arenatheater errichtet, mit immerhin 3500 Plätzen.

Aber die Ausgaben für alles dies waren höher als die Einnahmen, und Pokorny erlitt das Schicksal der meisten seiner Vorgänger, daß er sich rettungslos verschuldete. Er wurde darüber krank und starb. Das Haus kam an seinen Sohn, der mit allerlei hastigen Aktionen eine finanzielle Rettung probierte. Es half nichts. Das Theater ging in Konkurs und erhielt neue Eigentümer, es erhielt auch einen neuen Direktor, der aus dem ungarischen Temesvár stammte und Friedrich Strampfer hieß.

Er brachte eine Darstellerin mit, Josefine Gallmeyer, die alsbald zum Star avancierte. Er engagierte die Sängerin Marie Geistinger, die als Offenbachs *Schöne Helena* debütierte und einen enormen Erfolg damit hatte, die Produktion lief 65mal allein das erste Jahr. Strampfer spielte bis 1867 unentwegt Jacques Offenbach, von *Ritter Blaubart* bis *Herzogin von Gerolstein*, er ließ zusätzlich prächtig ausgestattete Feenmärchen inszenieren und war bei alledem äußerst erfolgreich.

Plötzlich wurde er seiner Direktion überdrüssig, daß er sie abgab, an seinen ehemaligen Sekretär Steiner und an die Geistinger. Er privatisierte. Er privatisierte eine Weile, dann kehrte er ins Theaterleben zurück, hatte aber jetzt kein Glück mehr, ruinierte sich vielmehr und ging als Farmer nach Amerika.

Der neue Direktor des Theaters an der Wien, Maximilian Steiner, hatte eine Frau, die befreundet war mit der Sängerin Henriette Treffz, damals schon Ehefrau des Komponisten Johann Strauß-Sohn. Der unbestrittene Fürst der Wiener Ballsäle war, aller von ihm verströmter Walzerseligkeit zum Trotz, ein bedeutender Neurotiker. Er fühlte zum Beispiel Hemmungen, für die menschliche Stimme zu komponieren. Seine Frau überredete ihn gleichwohl und im Auftrag Steiners, ein nach dem arabischen Ali Baba-Märchen geschneidertes Libretto des Titels *Indigo* zu vertonen. Die Uraufführung des fertigen Stückes geschah am 10. Februar 1871 im Theater an der Wien. Die Geistinger sang in der Hauptrolle. Es wurde ein stürmischer Erfolg.

Da komponierte Strauß weiterhin für die Bühne, und das Theater des Maximilian Steiner wurde zum Geburtshaus der Wiener Operette. Neben Strauß spiel-

te man noch andere Komponisten, zum Beispiel Mil-
löcker und Suppé, und im April 1874 geschah die
Uraufführung der grandiosen *Fledermaus*. In den Buf-
fo-Rollen der Strauß-Operetten profilierte sich dabei
mehr und mehr ein Darsteller namens Alexander Girardi.

Der kam eigentlich vom Sprechtheater und hatte
seine ersten Auftritte in Nestroy-Stücken gehabt. Er
wurde später sehr berühmt. Nahe dem Theater an der
Wien steht heute für ihn ein Denkmal. In seiner Person
wird der gewissermaßen natürliche Übergang der Wiener Vorstadtposse in die Operette besonders deutlich.
Mit buffonesken Trotteln wie Szupan und Frosch lebte
immer noch etwas fort vom Hans Wurst des Josef
Stranitzky, nur der Couplet-Witz der Nestroy-Possen
war dahin, und der musikalische Rausch der Strauß-
Walzer, dem sich in Dommayers Casino die Leute er-
gaben aus Verzweiflung über die politische Misere im
Land, hatte nun auch das Theater an der Wien über-
schwemmt.

1875 schied die Geistinger aus der Direktion des
Hauses. Maximilian Steiner geriet in finanzielle
Schwierigkeiten, wurde krank und machte zum neuen
Direktor seinen Sohn. Auch Franz Steiner konnte die
wirtschaftliche Misere nicht beenden, da er ein Bruder
Leichtfuß war. Er trat ab, und das Haus ging jetzt an
die Schauspielerin Alexandrine von Schröder.

Sie brachte den *Zigeunerbaron* heraus. Sie spielte die
Operettenkomponisten Karl Zeller und Richard Heu-
berger, mit denen für gewöhnlich die Dämmerung und
das Ende der klassischen oder goldenen Wiener Operette angesetzt werden. Frau von Schröder amtierte
sechzehn insgesamt erfolgreiche Jahre, dann gab sie
ihrerseits die Direktion auf. Inzwischen war das neue
Jahrhundert heran.

Es begann für das Haus an der Wien mit umfänglichen Baumaßnahmen im Inneren und im Äußeren, die heutige Fassade am Naschmarkt entstand bei dieser Gelegenheit. Der neue Direktor hieß Langhammer und ging schon nach sieben Monaten in Konkurs. Ihm folgte der Journalist Wilhelm Karczag, dessen wichtigster Darsteller Alexander Girardi blieb, und seine wichtigste Tat wurde die Schöpfung der sogenannten silbernen Wiener Operette. Deren größter Erfolg aber war *Die lustige Witwe*, geschrieben nach einem Lustspiel des französischen Konfektionärs Meilhac und komponiert von dem Militärkapellmeister ungarischer Abstammung Franz Lehár.

Die lustige Witwe hatte am 30. Dezember 1905 im Theater an der Wien ihre Uraufführung. Die Zahl aller Vorstellungen dieses Stücks allein im Haus am Naschmarkt bis zum heutigen Tag nähert sich den Tausend. Andere Tonsetzer der neuen Operettengeneration hießen dann Emmerich Kálmán, Leo Fall und Oscar Straus. Sie alle schrieben fürs Theater an der Wien, und das ging so in den Ersten Weltkrieg hinein und aus dem Ersten Weltkrieg heraus.

Der erfolgreiche Direktor Karczag starb 1923, Nachfolger wurde sein Schwiegersohn Hubert Marischka, ein Sänger. Immer noch standen im Operettenhaus an der Wienzeile die feschen Leutnants auf der Bühne, magyarische Aristokraten umschwärmten Damen vom Chantant, als wäre Ungarn weiterhin Teil der Donaumonarchie und als gäbe es immer noch die prächtige k.u.k.-Armee statt eines grauen und zahlenarmen Bundesheers. Irgendwann wurde der Gegensatz zwischen Schein und Sein selbst am Naschmarkt zu bizarr, und der Direktor Marischka ließ etwas von der anderen Zeit herein, mit neuen Personen und neuen melodisch-rhythmischen Phrasen. Der erfolgreiche

Vertreter des aufgemöbelten Genre hieß Paul Abraham.

Marischka demissionierte 1935. Österreich war inzwischen ein halbfaschistisch regierter Staat. Im Theater an der Wien wurden ein paar Produktionen der Tonsetzer Abraham und Benatzky herausgebracht, die neuen Bühnenstars hießen zum Beispiel Max Hansen, Hans Moser und Zarah Leander. Selbst nach der durch Hitler praktizierten Annexion des Landes vegetierte das Haus noch ein wenig vor sich hin, dann, 1939, schloß es. Die Wiener Operette war eine genuin österreichische Angelegenheit gewesen, so genuin wie das Zaubertheater und die Vorstadtposse und Stranitzkys Hans Wurst. Die Beteiligung jüdischer Künstler an alledem war zu allen Zeiten außerordentlich gewesen. Hitlers totaler Krieg war nicht die unbedingte Zeit für k.u.k.-Nostalgie, und die Schließung blieb nur konsequent.

1945 eröffnete man wieder. Der Krieg hatte das Gebäude der Staatsoper erheblich beschädigt, und zehn Jahre lang gastierte im weitgehend erhaltenen Theater an der Wien das Opernensemble vom Kärntnertor, bis das dortige Gebäude wiederhergestellt war. Man verabschiedete sich im Oktober 1955, wie es sich gehörte, mit einer Vorstellung der *Zauberflöte*.

Was mit dem Schikaneder-Bau geschehen sollte, war lange Zeit umstritten. Die Pläne reichten vom Umbau in ein Großkino bis zum völligen Abriß. Schließlich kaufte die Gemeinde das Haus und ließ es erst einmal überholen. 1962 wurde festlich wiedereröffnet. Die erste szenische Produktion war, wie es sich gehörte, *Die Zauberflöte*.

Das Haus erhielt danach dreierlei Funktionen, die es innehat bis zum heutigen Tag: Es dient den allsommerlich stattfindenden Wiener Festwochen als Gebäude für Gastspiele und Eigenproduktionen. Es ist ständige Spielstätte des Wiener Theaters der Jugend, des größten Unternehmens dieser Art im deutschsprachigen Raum. Es bietet in der restlichen Zeit aus eigenem Aufkommen ein musikalisches Unterhaltungstheater, und für diese letzte Tätigkeit verfügt es über eine Direktion. Die Chefs hießen zunächst Klingenbeck und Kutschera, produziert wurde immer mal wieder *Die lustige Witwe*, vor allem aber amerikanisches Musical.

Dergleichen theatralischer Schulterschluß zum Broadway hat seine innere Logik, da mit den *musical comedies* heute das geleistet wird, was vor drei Generationen die Wiener Operette leistete und was im Zweifelsfall hinläuft auf den schönen musikalischen Schwachsinn. Außerdem ist das Musical per ästhetischer Mutation und verschiedener Biographien seiner Schöpfer so etwas wie ein illegitimes Kind der Wiener Operette.

Alles, was rund um den New Yorker Times Square je zu nachdrücklichem Erfolg gelangte, zog also irgendwann ein ins Theater an der Wien. Dabei ist es bis heute geblieben. Der amtierende Direktor hieß mehrere Jahre lang Peter Weck, dem der Ruf eines beinharten Machers anhing. Ein wirtschaftliches Scheitern in der Art der Schikaneder, Pálffy und Steiner konnte ihm nicht widerfahren, denn das Haus, ohnehin öffentliches Eigentum, wurde und wird in seinem Etat zu erheblichen Teilen von der Gemeinde Wien subventioniert, zum höheren Ruhm des örtlichen Fremdenverkehrs.

So karrt es allabendlich die Omnibusse heran, angefüllt mit auswärtigen Personen, die ein spezielles Wienarrangement gebucht haben, Musicalticket und Hotelübernachtung inklusive. Sie betreten ein Theaterhaus,

das um 1980 nochmals technisch-architektonisch gene-
ralüberholt worden ist, seither schimmern die Karyatiden, die auf ihren muskulösen Schultern die Logen
tragen, in neuem Blattgold. Das Haus gilt längst als der
schönste Theaterbau von Wien, als der modernste
außerdem, denn hinter der Bühne ist alles vollgestopft
mit Elektronik. Daß sich szenische Unterhaltung inzwischen nach dem angelsächsischen Wort Enterntain-
ment buchstabiert, ist keine österreichische Besonder-
heit, und daß ausgerechnet die behäbige Stadt Wien
sich darin besonders hervortut, kommt einer Erkenntnis des Wieners Karl Kraus entgegen: »Alle Werke des
Fortschritts wären ungetan geblieben, wenn die Welt
gewartet hätte, bis die Chauffeure ausgetrunken
haben.«

Sanatorium

Die Stilkunst um 1900 hat dem alten Österreich und seiner Metropole Wien Architekten von höchstem Rang beschert. Die meisten von ihnen sind noch heute mit auffälligen und jedermann zugänglichen Bauzeugnissen im Wiener Stadtbild vertreten, bis auf den vermutlich produktivsten unter ihnen, Josef Hoffmann. Es liegt dies zunächst daran, daß mehrere von Hoffmanns erheblichen Bauten im Ausland stehen, darunter der österreichische Biennale-Pavillon in Venedig, darunter das Palais Stoclet in Brüssel, jenes unglaubliche Gesamtkunstwerk des österreichischen Jugendstils. Bei den in Wien vorhandenen Hoffmann-Bauwerken handelt es sich überwiegend um Wohnhäuser, die, mit Ausnahme der ehemaligen Villa Primavesi, unzugänglicher Privatbesitz sind.

Ein zu Recht hochgerühmter Hoffmann-Bau steht unmittelbar an der Wiener Stadtgrenze zu Niederösterreich. Das Sanatorium Purkersdorf hält wenigstens den architektonischen Rang des Palais Stoclet und ist kulturgeschichtlich womöglich noch bedeutsamer, denn in seiner Reduktion auf klare geometrische Formen bereitet es wichtige Tendenzen des Bauhauses vor. Sanatorium Purkersdorf wurde, auch das machte es revolutionär, in Stahlbetonbauweise errichtet. Technologie und Ästhetik bedingen einander. Das Gebäude bezeichnet den Übergang der Stilkunst zum Konstruktivismus in einem wie selbstverständlichen, gänzlich unverkrampften und unpathetischen Prozeß. Hoffmann hat eine ähnliche Vollkommenheit kaum wieder je erreicht.

Sanatorium Purkersdorf heißt eine eigene Station auf der Wiener Westbahnstrecke. Ich steige aus. Dem Gebäude des Sanatoriums gilt keinerlei Hinweis. Ich muß vielfach nachfragen, eine Brücke überqueren, eine große Verkehrstransversale. Das Sanatorium befindet sich schräg gegenüber einer Tankstelle. Ich betrete einen riesigen, völlig verwilderten Parkgarten, mit mehreren Gebäuden. Eines der Häuser ist leidlich instand gehalten. Es wirkt durchaus anthroposophisch, beherbergt aber eine Ausbildungsstätte für protestantische Theologen. Die übrigen Häuser, darunter jenes von Hoffmann, zeigen sich im Zustand fortschreitenden Verfalls. Ihr Anblick ist eine Tragödie.

Josef Hoffmanns Bau wurde in den Jahren 1904 und 1905 ausgeführt. Auftraggeber war ein Mitglied der für das damalige Wien in vielfacher Hinsicht bedeutsamen Familie Zuckerkandl, Viktor. Er hatte das Areal mit bereits existierenden Villen einer Kur- und Wasserheilanstalt 1903 erworben, er plante eine medizinische Einrichtung für Gemütskranke aus den feineren Ständen. Der Hoffmann-Bau war als zentrales Kurhaus gedacht, mit Speisesaal, Aufenthaltsräumen und Zimmern für Gäste.

Wie immer bei seinen Arbeiten in dieser Zeit unterwarf Josef Hoffmann alles seinem gestalterischen Willen: Außen- und Innenarchitektur, Fliesen, Hölzer, Möbel, Textilien, Geschirr. Purkersdorf wurde, nicht anders als das Palais Stoclet, ein Gesamtkunstwerk, Produkt einer spätzeitlichen und hochraffinierten Kunstgesinnung, deren mürber Charme darin bestand, daß sie sich jung und revolutionär dünkte. Hoffmann blieb auch hier der getreue Schüler seines Lehrers Otto Wagner, der als eines seiner schönsten Bauwerke die Kirche Am Steinhof entwarf, das Gotteshaus einer Irrenanstalt.

Bekanntestes Mitglied der Zuckerkandl-Familie war Bertha, Tochter von Moritz Szeps, Gründer des Wiener Tagblattes, Ehefrau eines wegen seiner Sektionskünste berühmten Wiener Anatomen. In Wien unterhielt sie einen Salon, wo alles verkehrte, was in Österreich politische, wissenschaftliche und künstlerische Prominenz besaß. Als alte Frau hat sie ihre Memoiren verfaßt, die dann postum erschienen, *Wien intim*. Ich erwarb mein Exemplar bei einem Ramschbuchhändler in der Josefstadt.

Bertha Zuckerkandl war verwandt mit dem französischen Politiker Georges Clemenceau. Einmal, 1932, traf sie sich in Purkersdorf mit Dollfuß, Österreichs späterem Diktator, und Painlevé, einem französischen Regierungsmitglied. Das Treffen geschah gegen Mitternacht. Die Umstände gestalteten sich geheimnisvoll. Entsprechend behaupteten hernach Gerüchte als den Inhalt die höchste und delikateste Politik. Die Wahrheit war viel banaler: Es ging um den Export von österreichischen Hölzern nach Frankreich.

Der Sanatoriumsbau in Purkersdorf erfuhr in jener Zeit einige nicht von Josef Hoffmann verantwortete Veränderungen. Eine, 1928 ausgeführt, geschah durch einen vormals getreuen Hoffmann-Schüler, der sich später zum radikalen Hoffmann-Gegner entwickeln sollte. Er beschädigte mit seinem Umbau das Sanatorium brutal und nachhaltig.

Der Komplex wechselte in nichtjüdischen Besitz, als die meisten Zuckerkandls 1938 in die Emigration gingen. Das Kurhaus und die umliegenden Pavillons wurden nach 1945 als Spital genutzt, 1952 gelangte die Anlage in den Besitz des Evangelischen Vereins für Innere Mission. Die Pavillons dienten als Altenpflegeheim, bis 1975, seitdem herrscht Agonie. Das vorhandene Hoffmann-Mobiliar wurde mit der Zeit entwendet und taucht gelegentlich auf internationalen Auktionen auf.

Ein kleines Stück Außenmauer wurde in der ursprünglichen Farbe und mit der ursprünglichen Fliesenverblendung instand gesetzt: private Tat eines Wiener Architekten, der über das Sanatorium seine Diplomarbeit schrieb. Einzige Hilfe der öffentlichen Hand war die Bereitstellung von 130 000 Schilling aus Mitteln des Bundesdenkmalamts, 1988. Zwei Jahre zuvor war ein einziger von Josef Hoffmann entworfener Silberlöffel in London für 400 000 Schilling versteigert worden.

Die derzeit letzte Nachricht aber lautet: Park und Sanatorium wurden verkauft, an einen in Deutschland tätigen Unternehmer. Die Hoffmannarchitektur soll penibel restauriert werden, als Herzstück eines Altenheims für betuchte Menschen. Die müssen überwiegend ihren Wohnsitz nehmen in einem Kranz von neuzuerrichtenden Zweckbauten, gut geeignet, den Hoffmannbau zu verdecken. 1995 soll alles vollendet sein.

Der Romancier Robert Musil hat einmal den Duktus österreichischen Handelns in öffentlichen Dingen als ein Gewurstel bezeichnet, das sich selbst irgendwie nur noch mitmache. »Es ist passiert, sagte man dort, wenn anderswo andre Leute glaubten, es sei wunder was geschehen; das war ein eigenartiges, nirgendwo sonst im deutschen oder einer andern Sprache vorkommendes Wort, in dessen Hauch Tatsachen und Schicksalsschläge so leicht wurden wie Flaumfedern und Gedanken.«

Heldenverehrung

Josef Parkfrieder, der sich auch Pargfrieder schrieb,
wurde 1775 geboren und kam aus armseligen Verhältnissen. Soviel ist gewiß. Gleichwohl haben sich
später sonderbare Gerüchte seiner bemächtigt: Man
sah in ihm einen illegitimen Sohn Kaiser Josephs II.,
des begabtesten Herrschers aus dem Hause Habsburg,
des Aufklärers und verhinderten Freimaurers, der, was
bezeugt ist, das eine und andere Verhältnis zur linken
Hand tatsächlich unterhielt. Ungewöhnliche Karrie-
ren provozieren ungewöhnliche Mutmaßungen, und
wenn es denn nicht blaues Blut war, das den Josef
Parkfrieder und sein kommerzielles Genie befeuerte,
so war es vielleicht jüdisches? Andere Gerüchte sahen
in ihm ein Kind von Getto-Juden, ausgesetzt oder ver-
hökert und solcherart unter die christlichen Stände
gelangt.

Denn dort wuchs er auf. Dort erlernte er seinen
christlichen Beruf: Er wurde Schulgehilfe, was eine
ausgesprochene Hungerleidertätigkeit bedeutete. Ein
Verwandter, Krämer vom Land, erlöste den Jungen
dann vom pädagogischen Dasein, nahm ihn mit sich,
steckte ihn ins eigene Geschäft und unterwies ihn in
den Geheimnissen von Soll und Haben. Parkfrieder
zeigte Talent. Nach einer Weile machte er sich selbstän-
dig. Er wurde Lieferant für das kaiserliche Militär. Er
bewies darin Tüchtigkeit und Geschick, daß seine Um-
sätze wuchsen und seine Firma gewaltig expandierte,
bis es zu Umsätzen in Millionen-Höhe kam. Vor allem
erwarb Josef Parkfrieder ein Monopol bei der Beliefe-
rung mit Heeres-Schuhwerk. Der Grund war einfach:

Parkfrieders Heeres-Schuhwerk blieb konkurrenzlos billig. Zugleich war es von unterdurchschnittlich schlechter Qualität, was dazu führte, daß es besonders schnell verschliß. Es mußte alsbald durch neues Parkfriederschuhwerk ersetzt werden, wodurch der Umfang und die Kontinuität von Parkfrieders Geschäften gesichert blieben.

Wir schreiben die Jahre nach 1815. Napoleon ist endgültig geschlagen. Die Koalition des *Ancien régime* ordnet Europa im alten Stil, der Chefplaner heißt Metternich, stammt aus Koblenz und regiert in Wien. Das im Erscheinungsbild der Sansculotten aufgestandene Bürgertum muß wieder geduckt werden. Der ins Laufen gekommene Kapitalismus muß in den Ländern der Restauration sich sonderbar verrenken, den Biedermeier mimen und den Adels-Fex, um auf seine Kosten zu kommen. Den Dimensionen nach, auf der Tour von ganz unten nach ganz oben, hat Parkfrieders Laufbahn einen fast amerikanischen Zuschnitt. Sie ist nichts weniger als amerikanisch. Sie ist ganz österreichisch.

Der nun schwerreiche Mann ließ sich zunächst adeln. Hernach äußerte er aus Gründen patriotischer Dankbarkeit, vermischt mit etwas schlechtem Gewissen, einen deutlichen Hang zur tätigen Heldenverehrung: dergestalt, daß er Helden sammeln, besitzen und verwalten wollte. Militärische Helden, versteht sich, denn dies alles geschah zur höheren Ehre seines Hauptkunden, der kaiserlich-österreichischen Armee. Da nun die Helden vergangener Jahrhunderte in ihren jeweiligen Gräbern und Grüften ruhten, aus denen man sie schwerlich wieder entfernen konnte, wich Parkfrieder, worin sich sein enorm praktischer Verstand offenbarte, auf lebendige Helden aus, und da der österreichische Militäradel, ob heldisch oder nicht, im Regelfalle tief verschuldet war, eröffnete sich dem

patriotischen Schuhlieferanten der natürliche Weg zur
Vollstreckung seines Wunsches: Parkfrieder zahlte seinen Helden die Schulden, und im Gegenzug mußten
diese sich vertraglich verpflichten, daß nach ihrem Ableben Parkfrieder die Art und den Ort ihrer Beisetzung
bestimmen durfte.

Umweht von der Nachrede »Parkfrieder sammelt
Leichen« ging der reiche Mann nun daran, einen ent-
sprechenden Ort zu besitzen. Er fand ihn im niederösterreichischen Weinviertel, nahe Ziersdorf, wo er das
Schloß Wetzdorf käuflich erwarb. Dies geschah im
Jahre 1833. Parkfrieder war jetzt achtundfünfzig, in
einem Alter also, da man sein Leben ordnet und über-
legt, wie und wo man auf die Nachwelt zu kommen
gedenkt. Wir werden sehen, wie gleichermaßen impo-
nierend und planvoll der Heereslieferant in den Ein-
zelheiten verfuhr.

Zum Schloßbesitz gehörte eine geologische Erhe-
bung, welche mit einem Aufwand von zwei Millionen
Dukaten und in jahrelanger Arbeit hergerichtet wurde.
Es entstand eine Parkanlage. Es entstanden allerlei ar-
chitektonische Zeugnisse im Stil des späten Klassizis-
mus. Einer der bei den Projekten tätigen Männer war
der zu jener Zeit hochgeschätzte Gebrauchs- und Mo-
dekünstler Adam Rammelmayer. Das Resultat sind,
außer einer tempelartigen Gedächtnishalle und einem
Obelisken mit darunter befindlicher Gruft, mehrere
alleemäßig geordnete Wege, an denen sich zu beiden
Seiten die Büsten vergangener und nicht mehr käufli-
cher Helden befinden. Immer eine neben der anderen.
Kaiser, Feldmarschälle und Gemeine. Alle Habsburger
Herrscher. Viele Angehörige des Maria-Theresien-Or-
dens. Mehr als zweihundert Büsten, und es sind zweihundert Büsten eine gewaltige Zahl und ein überwäl-
tigender Anblick. Es wurden immer auch ein paar

mythologische Figuren darunter gemischt. Verfertigt sind alle Skulpturen in Zinkguß, einem zeitgenössischen Billigverfahren. Noch betreffend seine Helden blieb Josef von Parkfrieder dem Prinzip seiner Militärschuhe treu. Das Gelände ist übrigens durch einen Gitterzaun umgrenzt. Gelegentlich lauert dort ein Hund. Selbst er wurde in Zink gegossen.

Was nun aber die lebendigen Helden betrifft, so erwarb Parkfrieder deren drei. Es waren dies: der Feldzeugmeister Constantin Baron d'Aspre, der Feldmarschall Maximilian Freiherr von Wimpfen und, Schmuckstück der Sammlung, der berühmteste Heerführer Österreichs aus dem 19. Jahrhundert überhaupt, Feldmarschall Joseph Wenzel Graf Radetzky, bis heute bekannt als Namensgeber einer Straße und eines Platzes im dritten Wiener Gemeindebezirk sowie eines Militärmarsches aus der Feder von Johann Strauß-Vater.

Dieser aus böhmischem Kleinadel stammende Militär verdankte seinen Aufstieg der Teilnahme an Schlachten, in denen Österreich durchweg verlor. Als er schließlich, in einigermaßen entscheidender Funktion, an einer für Österreich siegreichen Bataille teilnahm, es handelte sich um die Leipziger Völkerschlacht von 1813, fiel er alsbald in Ungnade. Mühselig war seine Rückkehr zu Macht und Glanz. Das Ziel wurde erreicht, indem er 1848/49 die nationale Revolution in Oberitalien militärisch und ziemlich brutal niederschlug. Man machte ihn zum Gouverneur ebendort, und in Mailand ist er schließlich gestorben, 1858: gerade rechtzeitig, um den Verlust des österreichischen Besitzes an das Risorgimento nicht mehr erleben zu müssen.

Der tote Radetzky sollte nach dem Willen des regierenden Kaisers Franz Joseph eigentlich in der Kapuzinergruft beigesetzt werden, dem Erbbegräbnis der

Habsburger, nahe dem Neumarkt in der Inneren Stadt von Wien. Da aber legte Parkfrieder seinen rechtsgültigen Vertrag vor, und notfalls drohte er zu klagen. Majestät, stark in den Attitüden und schwach in den Handlungen wie immer, gaben schließlich nach. Radetzkys Leiche wurde auf den Heldenberg nach Wetzdorf in Niederösterreich verbracht und dort beigesetzt.

Handelte es sich hierbei etwa um einen sonderbaren, einen österreichischen Akt des Bürgerstolzes vor Fürstenthronen? Es handelte sich um nichts weniger als dies. Parkfrieder blieb, der er immer gewesen war: ein aus List, Geschäftssinn und feudalistischer Katzbuckelei gemachter Bourgeois. Kaum war Radetzkys Leiche nämlich in Wetzdorfer Erde, offerierte Josef Parkfrieder seinem Kaiser den Heldenberg samt allem Darin und Darauf zum Geschenk: »als ehrfurchtsvolle patriotische Gabe«, wie es nach außen hieß, während heimlich einige Gegenleistungen gefordert und auch gewährt wurden: die Verleihung des Kaiser-Franz-Joseph-Ordens, die Garantie, daß Josef von Parkfrieder seinerseits auf dem Heldenberg beigesetzt werde nach seinem Ableben, und eine Ablösesumme von einer halben Million Gulden. Josef von Parkfrieder starb 1858, bald nach dem Feldmarschall Radetzky. Er wurde beigesetzt, wie dieser, auf dem Heldenberg bei Wetzdorf in Niederösterreich.

Der neue Besitzer Kaiser Franz Joseph behielt die sonderbare Begräbnis- und Heroen-Gedenkstätte eine ganze Weile. Erst fünfzig Jahre später entließ er sie aus seinem Eigentum und schenkte sie in aller Form seiner k.u.k.-Armee. Diese verlor keine zehn Jahre später den Ersten Weltkrieg und hörte zu bestehen auf, ebenso wie die Österreichisch-Ungarische Monarchie, deren Teil sie war. Der Heldenberg des Schuhlieferanten Josef von Parkfrieder ging über in den Besitz der Republik Österreich, die viele Probleme hatte, zum wenigsten militärische. Der Heldenberg dämmerte unter niederösterreichischen Himmeln so vor sich hin.

Die erste Republik Österreich endete im Jahr 1938, als der gebürtige Oberösterreicher Adolf Hitler das Territorium zwischen Neusiedler- und Bodensee als Ostmark zum Großdeutschen Reiche schlug. Die neuen Machthaber waren heldensüchtig, und so interessierten sie sich alsbald auch für den Heldenberg in Wetzdorf. War aber nicht das Gerücht gewesen, der Herr von Parkfrieder habe semitische Ahnen gehabt? Schlossen Heldentum und Jüdisches einander nicht aus? Der NS-Gauleiter Seyß-Inquart entschied, daß man der Sache auf den Grund gehen müsse. Man wollte drei berühmten arischen Heerführern eine jüdische Nachbarschaft, gegen die sie sich nicht wehren konnten, jedenfalls ersparen.

Josef von Parkfrieders Grab in der Gruft unter dem Obelisken wurde geöffnet. Da erblickte man die Leiche des Heldenberg-Schöpfers, angetan mit einer Ritterrüstung, gefertigt zwar nicht aus Gold, doch aus blinkendem Messing, aufrecht sitzend auf der Attrappe eines Ritterpferds. Derart wachte der Schuhfabrikant und Heeresbelieferer über die ewige Ruhe der Wimpfen, d'Aspre und Radetzky. Überaus eindrucksvoll dünkte die antisemitischen Grabesöffner dieses Bild, daß sie allen Rassenzweifel fahren ließen und den toten Herrn von Parkfrieder dort beließen, wo er war. Den Ausspruch: »Wer ein Jude ist, bestimme ich!« hatte zuerst Karl Lueger verwendet, Bürgermeister zu Wien und politisches Vorbild des Adolf Hitler. Im Geiste Adolf Hitlers war das Grab Josef von Parkfrieders in Wetzdorf geöffnet worden. Im Geiste Adolf Hitlers wurde durch die Grabesöffner entschieden, Josef von Parkfrieder sei kein Jude.

Hernach hat sich am Heldenberg dann nicht mehr viel geändert. Seit dem Ende des Zweiten Weltkriegs gehört er wieder der Republik Österreich und untersteht der Gebäudeverwaltung 11 für Wien. Man kann das Gelände besuchen, zu vorgegebenen Öffnungszeiten. Das Betreten der Gruft ist nur in Begleitung eines Führers möglich. Die Rammelmayerschen Heldenbüsten rücken ihre schneidigen Profile ins Licht und offenbaren, wenn man hinter sie tritt, ihr hohles Innenleben. Wenige Leute gehen umher, aller Nekrophilie der Österreicher zum Trotz. Vielleicht ist der Heldenberg zu wenig bekannt.

Vorsichtig pfeifen Vögel. Gleich hinterm Eingang entdecke ich eine seltsam kostümierte Figur. Es handelt sich um einen österreichischen Soldaten, gekleidet in eine Uniform aus dem 19. Jahrhundert. Auch er ist ein Kunstprodukt, in Lebensgröße gefertigt und bunt bemalt. Die Amseln lassen ihren Dreck auf ihm. Regentropfen lecken behutsam die Farben fort.

Tod in Wien

Raum H der Begräbniskirche auf dem Wiener Zentralfriedhof. Es ist der 26. Juli 1985, ein Freitag, kurz vor 12 Uhr. Ein Fotograf lichtet den aufgestellten Sarg ab, mit seinen reichlichen Blumenspenden, auch die Kandelaber mit den brennenden Kerzen. Seine Aufnahmen werden später zur Erinnerung dienen, ebenso als Ausweis für die Preisklasse der durchgeführten Beisetzung. Der Fotograf ist ein Spezialist, der sich ausschließlich diesem besonderen Geschäfte widmet. Die Wiener nennen seinesgleichen Graberllinsler.

Der Fotograf packt seine Gerätschaft zusammen und verläßt den Raum. Sofort beginnt eine Orgel zu spielen. Leute treten ein, mit langsamen Schritten, mit gesenkten Köpfen, sie nehmen links und rechts vom Sarg auf Stühlen Platz, an den Wänden des rechteckigen Raumes. Andere Besucher stehen in der Nähe des Eingangs, dem Sarg gegenüber. Der Raum H ist einer von insgesamt acht gleichartigen Räumen innerhalb der Begräbniskirche, einem weißen Kuppelbau, der bei den Leuten Lueger-Kirche heißt: nach Karl Lueger, dem populären Wiener Bürgermeister zur Zeit der Jahrhundertwende. Karl Lueger wurde nach seinem Tode hier in der Unterkirche beigesetzt.

Der Zentralfriedhof ist einer von insgesamt 45 städtischen Friedhöfen in Wien. Er ist unter ihnen der weitaus größte, auf seinem Areal fänden die Areale aller anderen städtischen Totenäcker zusammen Platz. Er ist einer der großen Friedhöfe Europas, zusammen mit jenem in Warschau und jenem in Hamburg.

Der Wiener Zentralfriedhof befindet sich am östlichen Stadtrand, auf ursprünglich niederösterreichischem Gelände, direkt neben einer verkehrsreichen Ausfall-Magistrale, der Simmeringer Hauptstraße. Es gibt mehrere Eingangstore. Es gibt eine katholische, eine protestantische, eine orthodoxe, eine israelitische Abteilung. Alljährlich im Herbst wird es erforderlich, die auf dem Friedhof streunenden Wildtiere zu jagen. Das sind vor allem Kaninchen. Die Jagden verlaufen sehr waidmännisch. Sie finden im Morgengrauen statt und eher heimlich. Daran teilnehmen zu dürfen, ist ein besonderes Privileg.

Der Wiener Zentralfriedhof existiert seit dem Allerheiligentag des Jahres 1874. Der Eröffnung voraus ging ein endloses kommunales Gezänk, auch ein etwas schmieriges Feilschen beim Ankauf des vorgesehenen Geländes. Die Einrichtung war aber nötig geworden infolge des hektischen Wachstums der Stadt Wien im 19. Jahrhundert, die bis dahin bestehenden Friedhöfe konnten die Toten nicht mehr fassen. Manche der alten Friedhöfe wurden später geschlossen und in Parkanlagen umgewandelt. Der Haydn-Park, der Schubert-Park, der Währinger Park waren einmal Totenäcker. Der St. Marxer Friedhof im 3. Gemeindebezirk wurde unter Denkmalschutz gestellt, als eine Art Freilichtmuseum des christlichen Totenkults. Auf den alten Wegen zwischen den Gräbern gehen Paare, betagte Leute führen dort ihren Hund spazieren. Zwischen den biedermeierlichen Grabsteinen spielen die Kinder.

Im Raum H der Begräbniskirche auf dem Zentralfriedhof sind jetzt die Türflügel geschlossen worden. Das Orgelspiel hat ausgesetzt, dafür beginnt Chorgesang, *'s is Feierohmd*, ein Lied aus dem fernen, dem mitteldeutschen Erzgebirge, *a capella* gesungen von acht Herren, solche musikalischen Auftritte gehören zum üblichen Ritual von Wiener Leichenbestattungen.

Sie machen den Zentralfriedhof, hat man gesagt, zum größten Konzertunternehmen Österreichs.

Die Auftritte der Chormitglieder sind nicht billig. Rektor Karl Wagner, der im Auftrag der Erzdiözese Wien die katholischen Trauergottesdienste auf den Friedhöfen der Stadt koordiniert, nennt es gleichmütig einen Versuch, zu bekommen, »was normal und schön ist«. Er sieht darin einen Reflex auf Beisetzungen in den Dörfern, wo noch der Kirchenchor singt. In den städtischen Gemeinden gebe es häufig keinen Kirchenchor mehr. In den Städten hätten Kälte und Entfremdung auch die Rituale der Beisetzung ergriffen. »Die schöne Leich«, sagt Karl Wagner, »ist eigentlich ein Bestreben, damit das Begräbnis so weit als möglich persönlich ist.« Die schöne Leich ist das in Wien gebräuchliche Kennwort für besonders prunkvolle Beisetzungen. Karl Wagner redet mit hörbar slawischem Akzent. Er ist in Polen großgeworden.

Im Raum H der Begräbniskirche auf dem Zentralfriedhof ist der Chorgesang zu Ende. Ein junger Priester, er heißt Wilhelm Raith, sagt: »Im Namen des Vaters und des Sohnes und des Heiligen Geistes.« Die Gemeinde antwortet ihm: »Amen.« Die Stimmen haben alle einen überlangen Nachhall in dem sehr hohen Raum.

Die schöne Leich in Wien stellt nicht nur den Versuch dar, gegen die Entpersönlichung des Lebens und Sterbens in unserer Zeit anzugehen. Der damit verbundene Aufwand hat etwas von Fröhlichkeit. Er macht Sterben und Tod zu einer umgänglichen Sache, in der Konsequenz, daß Sterben und Tod in Wien gern, offen und öffentlich bedacht werden. Manchmal entsteht der Eindruck, in Wien werde förmlich um den Tod gebuhlt. Erwin Ringel, ein über die Grenzen der Stadt hinaus bekannter Psychiater, warnt vor solchen Urteilen. Es gebe zweifellos ein spezifisches Verhältnis der Wiener zum Tod. Man müsse dies als ein klassisch neurotisches Verhältnis bezeichnen. In Wien habe man es sich angewöhnt, immer vom Tod zu sprechen, um damit sagen zu können: No, wir verdrängen den Tod nicht. Aber der Tod, von dem da gesprochen werde, sei eigentlich ein harmloser, ein gemütlicher Tod. »Es ist eine Methode«, sagt Erwin Ringel, »den Tod dadurch zu verdrängen, daß man ununterbrochen von ihm spricht.«

Im Raum H der Begräbniskirche auf dem Zentralfriedhof singen wieder die Choristen: *Näher mein Gott zu dir.* Danach beginnt der Priester mit seiner Trauerpredigt auf, sagt er, »unsere liebe Schwester Anna Prohaska«, verstorben am 17. Juli 1985 im Allgemeinen Krankenhaus an der Alserstraße, 9. Wiener Gemeindebezirk. Anna Prohaska starb an Herzversagen. Sie wurde 84 Jahre alt.

Der Priester zitiert in seiner Predigt Worte der österreichischen Lyrikerin Ingeborg Bachmann. Österreichs gesamte Kunst ist von einer eindrücklichen Nekrophilie. Die Wiener Neigung zum Selbstmord, zeitweilig war man, die Zahlen betreffend, führend in Europa, findet ihre Entsprechung in einem fast brünstigen Verhältnis der Wiener Künstler zum Sterben, Sigmund Freud hat es auf die eine Formel des *eros thanatos* gebracht. In einem Liebesgedicht des Selbstzerstörers Nikolaus Lenau heißt es:

> *Und als ich mußte scheiden*
> *und gute Nacht dir bot*
> *wünscht' ich bekümmert beiden*
> *im Herzen uns den Tod.*

Ingeborg Bachmann schrieb:

Reinen Fleischs wird sterben,
wer es nicht mehr liebt,
über Rausch und Trauer
nur mehr Nachricht gibt.

Ingeborg Bachmann starb 1973, im Alter von 47 Jahren, an den Folgen eines selbstverursachten Zimmerbrands.

Die ästhetische Allgegenwärtigkeit des Todes in Wien ist ein Erbteil von Gegenreformation und Barock und hat die Stadt sehr nachdrücklich geprägt. Die größten Baumeister jener Epoche, Fischer von Erlach, Lucas von Hildebrand, haben in großer Zahl sogenannte Trauergerüste entworfen. Das waren barocke Apparaturen zu Ehren eines verstorbenen Habsburgers. In der Michaelerkirche, dem Sakralbau unmittelbar neben der Hofburg, wurden die Särge der hier beigesetzten Toten, vorwiegend geistliche Herren und niedere Chargen bei Hof, auf dem Steinboden der Unterkirche beigesetzt. Es sind ein Vierteltausend solcher Särge erhalten, hölzerne, metallene, steinerne. Die Leichen sind großenteils mumifiziert. Manchmal lassen sich noch Geschlecht, Alter und Kostümierung erkennen. Solche Beisetzungen in der Unterkirche sind dann vom Reformkaiser Joseph II. verboten worden, denn natürlich, sagt Museumsreferent Tibor Haniffel, sie waren »vom sanitären Standpunkt aus nicht ganz einwandfrei«.

Tibor Haniffel ist Angestellter der Wiener Stadtwerke und Verantwortlicher für das Museum des Bestattungswesens in der Goldeggasse 19, im 4. Wiener Gemeindebezirk. Das Museum ist in zwei sorgfältig ausgestatteten Etagen untergebracht. Führungen erfolgen kostenlos, nach vorheriger Anmeldung. Es werden hier, sagt Tibor Haniffel, »Gegenstände und Bilder gezeigt über das Totenbrauchtum in Wien«. Also sieht man zum Beispiel Rangkronen, das waren Attribute bei der Bestattung von Aristokraten, die Rangkronen wurden auf einem Kissen dem Sarg vorangetragen. Man sieht einen Trauerschirm, das war ein Sonnenschutz bei Bestattungen, für trauernde Damen, der Schirm zeigt Rüschen und Applikationen. Man sieht die kunstvoll bestickten Bahrtücher der einzelnen Wiener Innungen und Zünfte. Das älteste überhaupt in Wien erhaltene Bahrtuch ist jenes für die Beerdigung des Prinzen Eugen.

Die Bahrtücher waren Bestandteil der Straßenkondukte, also der Prozessionen von den Sterbehäusern zu den Kirchen, mit dem Leichenwagen als Mittelpunkt. Joseph II., Habsburgs bedeutendster, intelligentester Sproß, wollte den barocken Bestattungsprunk abschaffen. Er ließ zum Beispiel eine Art Mehrzwecksarg einführen, damit Holz gespart würde. Der Sarg wurde über die offene Grube gehalten, mit einem Mechanismus wurde der Sargboden aufgeklappt, und die Leiche, eingenäht in einen Leinensack, fiel in die Tiefe, der Sarg war danach wieder verwendbar. Auf diese Art ist Wolfgang Amadeus Mozart beigesetzt worden. Insgesamt hat sich das Verfahren nicht durchgesetzt. Der Mehrzwecksarg wurde abgelehnt. Ein erhaltenes Exemplar gehört im Museum des Bestattungswesens zu den besonders bestaunten Exponaten.

Ebenso wie der Bestattungswecker. Er ist ein Produkt der während des gesamten 19. Jahrhunderts in Europa grassierenden Furcht vor dem Lebendig-Begrabenwerden. Der Rettungswecker wurde an das Gelenk der Leiche angeschlossen mittels eines langen Drahtes, der aus dem Sarg herausragte und bei der

mindesten Bewegung ein schrill läutendes Glocken-
werk in Bewegung setzte. Später, nach der Eröffnung
des Zentralfriedhofs, gab es eine entsprechende Vor-
richtung im vergrößerten Maßstab. In einer proviso-
rischen Leichenhalle standen Pritschen für hundert
Verstorbene, die durch elektrische Leitungen mit einer
zentralen Portiersloge verbunden waren. Dort existierte eine große Anzeigentafel mit numerierten An-
schlußsignalen. Der Portier habe also gleich gewußt,
sagt Tibor Haniffel, »wer sich jetzt gerührt, wer sich
jetzt gemeldet hat«.

Man sieht eine Sammlung von Totenbrettern. Auf
sie wurden die Leichen gelegt, ehe der Sarg geschrei-
nert war, die Totenbretter wurden hernach bemalt.
Särge wurden in früherer Zeit immer angemessen. Der
Sargtischler kam ins Haus und legte nach Betrachtung
der Leiche die Größe des zu fertigenden Sarges fest. Es
gab den Trauerportier, einen Mann in spanischer
Tracht, der vor dem Haus, in dem jemand gestorben
war, die Wache hielt, und es gab die Leichenbitter, die
umhergingen, um das Ableben eines Menschen und
den Termin der Beisetzung mitzuteilen. Särge wurden
gern verschlossen, mit eigens gearbeiteten Vorhän-
geschlössern. In der Schatzkammer der Hofburg existiert ein besonderer Schrank mit Sargschlüsseln,
passend zu den Särgen im Erbbegräbnis der Habsburger, der Kapuzinergruft.

In Wien, einer überwiegend katholischen Stadt, gab
es ein erstes Krematorium erst im Jahr 1922. Es wurde
in einem ehemals kaiserlichen Lustschloß untergebracht. Die bauliche Umgestaltung geschah durch
einen bekannten Architekten, Holzmeister, er ist der
Vater einer berühmten Schauspielerin. Tibor Haniffel
zeigt auf ein Exponat unter Glas und sagt: »Darf ich
Ihnen diese römerzeitliche Steinurne zeigen? Da sieht

man auch den Inhalt, den Leichenbrand. So ein Häufchen bleibt vom Menschen übrig.«

Es ist 12 Uhr 30. Die Türen des Raumes H der Begräbniskirche auf dem Wiener Zentralfriedhof werden geöffnet. Die Mitglieder des Chores der Wiener Staatsoper haben bereits unmittelbar nach ihrem letzten Auftritt den Raum verlassen. Ein Friedhofsangestellter trägt einen hocherhobenen Kruzifixus voran. Ihm folgt der Priester. Der Sarg mit den sterblichen Überresten von Anna Prohaska wird auf einem Bahrwagen aus dem Raum gefahren. Die Sargträger sind in schwarze knielange Mäntel gekleidet, mit Silberapplikationen, mit einem breiten Redingote-Kragen, sie tragen eine barettähnliche Kopfbedeckung. Solche Uniformen existieren seit den fünfziger Jahren unseres Jahrhunderts.

Die Trauergemeinde begibt sich durch die Halle der Begräbniskirche bis zum Ausgang. Die Träger heben den Sarg von dem Bahrwagen. Sie tragen ihn zu einem wartenden Automobil, einem für diesen besonderen Zweck umgebauten Ford Kombi, schwarz, polizeiliches Kennzeichen W 777.638. Das Fahrzeug rollt von der Auffahrt der Lueger-Kirche herunter, die Trauergemeinde folgt.

Die Sargträger sind allesamt städtische Angestellte. Das gesamte Bestattungswesen in Wien ist eine kommunale Einrichtung, schon seit dem Beginn unseres Jahrhunderts. In der richtigen Einsicht, daß mit Tod und Beerdigung profitable Geschäfte zu machen sind, es aber der Anstand gebiete, gegen solche Praktiken einzuschreiten, wurde das Gewerbe vergesellschaftet. Die Stadt kaufte ein großes Unternehmen auf und verweigerte den anderen Unternehmen die Verlängerung der Lizenzen. Auf diese Weise bildete sich ein Monopol heraus, geheißen Städtische Bestattung. Sie untersteht den Wiener Stadtwerken, die auch die anderen kommunalen Versorgungseinrichtungen betreiben. Sitz der Städtischen Bestattung ist die gleiche Goldeggasse 19, Wien IV., wo das Museum des Bestattungswesens untergebracht ist, in einem Seitenflügel.

Der Wagen mit dem Sarg der verstorbenen Anna Prohaska rollt über einen asphaltierten Weg in nordwestliche Richtung. Alle Wege des Wiener Zentralfriedhofs sind gepflastert oder asphaltiert. An den Wegen parken andere Kraftfahrzeuge. Jedermann ist es unbenommen, mit seinem privaten Wagen in diesen Friedhof einzufahren.

Das Kraftfahrzeug mit dem Sarg der Anna Prohaska fährt jetzt genau in westliche Richtung. Die Trauergemeinde, die ihm folgt, besteht aus etwa vierzig Personen: Angehörigen, aber auch zufälligen Passanten. Meistens sind sie weiblichen Geschlechts. Meistens sind sie nicht mehr jung. Diese Frauen tragen farbige Alltagskleidung, manche halten einen bunten Einkaufsbeutel aus Plastik in der Hand. Der Kondukt führt bis zum Gräberfeld 74. Hier ist das Grab für Anna Prohaska ausgehoben worden. Die Träger heben den Sarg von dem Kraftfahrzeug mit der polizeilichen Zulassungsnummer W 777.638. Sie tragen den Sarg zu der offenen Grube. Der Priester steht bereit, für das letzte Gebet, für den letzten Segen.

Museumsreferent Tibor Haniffel weiß noch von Ereignissen der jüngeren Vergangenheit zu berichten:

»Während der Kampfhandlungen im April fünfundvierzig hat hier in Wien auch das Bestattungswesen nicht mehr funktioniert. Die Leute waren gezwungen, ihre Toten selber zum Friedhof zu bringen. Damals wurden sehr viele Verstorbene an Ort und Stelle, am Straßenrand, im Park und sogar im Hausgarten bestattet. Am Kriegsende gab es in Wien über achttausend solche provisorische Gräber. Für Soldaten, für Zivilisten. Diese Gräber wurden dann im Laufe der nächsten Jahre geöffnet und dann die Verstorbenen auf regulären Friedhöfen bestattet. Da war natürlich eine große Seuchengefahr damit verbunden. Auch die Besatzungsmacht«, sagt Tibor Haniffel, »hatte das größte Interesse, daß das Bestattungswesen wieder normal funktionierte. Es wurden Lastautos dem Unternehmen zur Verfügung gestellt, und die Briten, also die englische Besatzungsmacht, haben einen Friedhofsbagger nach Wien gebracht. Damit entsprechend schnell die Gräber ausgehoben werden können. Im August 1945«, sagt Tibor Haniffel, »hat es sogar eine Kundmachung vom Wiener Magistrat gegeben: Diejenigen, die ihre Angehörigen im eigenen Grab bestatten wollen, müssen selbst das Grab ausschaufeln. Dann gab es noch die Leichentramway. Das war ein Spezialwagen der Straßenbahn, der ebenfalls im fünfundvierziger Jahr wieder zum Einsatz kam. Er konnte gleich zwölf Särge auf einmal mitnehmen. Dieser Waggon fuhr aber nur in der Nacht.«

Der Sarg mit den sterblichen Überresten der Anna Prohaska, vierundachtzigjährig verstorben an Herzversagen, ist in das Grab versenkt worden. Die Angehörigen werfen Erde hinterdrein. Der Verkehrslärm der Simmeringer Hauptstraße dringt bis hierher. Der Angestellte, der während des Konduktes den Kruzifixus vorangetragen hat, sitzt etwas abseits auf einer Bank. Er hat den Kruzifixus gegen den Stamm einer Linde gelehnt. Er raucht eine Zigarette.

Die ersten Mitglieder der Trauergemeinde verlassen jetzt die Begräbnisstätte der Anna Prohaska. Unter ihnen sind drei Frauen mit bunten Kunststoffbeuteln in der Hand. Sie nehmen Platz auf einer Bank im Schatten. Der Mittag ist sonnig und heiß.

Die Frauen reden über die soeben erlebte Beerdigung. Sie reden über den Zentralfriedhof, auf den zu gehen eine regelmäßige Abwechslung für sie ist, man erlebt Beerdigungen, man besucht die Ehrengräber, das sind vom Staat bereitgestellte Beisetzungsstellen für verdiente Personen aus allen Bereichen des öffentlichen Lebens, der Politik und Kultur, vor allem der Kultur. Man hat auch die Toten aus den aufgelassenen Vorortfriedhöfen hierher umgebettet.

Grab 54 in der Gruppe 0, das ist an der Friedhofsmauer, zwischen 2. und 3. Tor, ist die Ruhestätte für Antonio de Salieri, den man als musikalischen Rivalen Mozarts kennt. Mozart selber hat einen Grabstein auf der Ehrengräberreihe 32. Aber der steht auf einem Grab ohne Gebeine, denn die liegen vielmehr, man hat sie nicht mehr identifizieren können, auf dem alten St. Marxer Friedhof, und ein Schädel, den man für Mozarts Schädel hält, wird im Salzburger Mozarteum aufbewahrt.

Grab 39 der Gruppe 32 A gehört Franz Werfel. Er starb 1945 in Kalifornien, ein jüdischer Emigrant, seine Gebeine wurden erst lange nach dem Krieg nach Wien überführt.

Die Gemeinde Wien beschäftigt in ihrem Rathaus einen Referenten, der ausschließlich damit beschäftigt ist, nach berühmten österreichischen Toten zu fahnden, die sich auf den Zentralfriedhof verbringen lassen.

»Die Ehrengräber«, sagt eine der alten Damen. »Da siegst es.«

»Kommen ja sehr viele Fremde her«, sagt eine andere. »Mit die Autobusse.«

»Der Zentralfriedhof is scho was Bsondres.«

13 Uhr 10. Die letzten Trauergäste haben das Grab der Anna Prohaska verlassen. Der Wagen mit der Zulassungsnummer W 777.638 ist zurückgefahren zur

Begräbniskirche. Das Grab der Anna Prohaska wird von Friedhofsgärtnern zugeschüttet. Die Angehörigen der toten Anna Prohaska verlassen inzwischen den Zentralfriedhof durch das Tor 2, das Haupttor, sie überqueren die Simmeringer Hauptstraße.

Gegenüber der Friedhofsmauer, auf der anderen Straßenseite, befinden sich zahlreiche Geschäftsunternehmen: Grabsteinhandlungen, Kranz- und Blumengeschäfte, Jausenstationen, Wirtshäuser. Das größte Restaurant ist das von Othmar Pfeiler, vorm. Franz Harwarth, Simmeringer Hauptstraße 343. Die Angehörigen von Anna Prohaska begeben sich hierher zum Leichenschmaus.

Othmar Pfeilers Restaurant existiert seit ungefähr 150 Jahren. Es hat ein festes Gebäude mit Räumen verschiedener Größe, zusammen ausreichend für mehrere hundert Gäste. Es hat daneben Tische im Freien, in Wien heißt das Schanigarten. Es gibt ein Wienerlied, das ein Leben nach dem Tode so besingt: *Da Himma is a Schanigoatn.*

Othmar Pfeiler, der Wirt, übt sich in der Wiener Lieblingsbeschäftigung des Klagens. Der Betrieb hier sei sehr witterungsabhängig. Wenn ein schöner Tag sei, kämen die Leute, aber wann sei schon ein schöner Tag? Außerdem kämen hauptsächlich bloß ältere Leute. Die Jugend interessiere sich für Friedhöfe fast nicht. Das Hauptgeschäft sei der Leichenschmaus, das übliche seien Partien zwischen 15 und 40 Leuten. »Wir haben«, sagt Othmar Pfeiler, »vor vierzehn Tagen einen Leichenschmaus gehabt mit 320 Personen, und das ist natürlich schon etwas Beeindruckendes. Weil, die kommen mit Musik, Ehrengarde. Is schon was Nettes.«

Othmar Pfeiler sitzt in seinem Schanigarten und blickt auf den geharkten Boden, wo Sperlinge umherhüpfen und nach Krumen picken. Versonnen sagt er:

»Und das ist ja dann a Anlaß, wo sie halt mit allen Bekannten wieder zusammenkommen. Is eh nur das Tragische: man trifft sich bei der Geburt, bei der Hochzeit und beim Sterben.«

Dann steht er auf, um die Hinterbliebenen der toten Anna Prohaska zu bedienen. Sie bestellen Schweinsbraten, Schnitzel, Würstel und Brot.

Der Kanzler

Wie kann geschehen, daß ein sozialdemokratischer Politiker aus Österreich, der einer großbürgerlich-jüdischen Familie entstammt, und ein Schriftsteller, der aus dem preußischen Ostelbien kommt und dessen Familienhintergrund ein proletarisch-kommunistischer war, zueinander in eine persönliche Beziehung treten? Die Antwort ist einfach. Sie ist ein Name. Er gehört seinerseits einem Österreicher und lautet Robert Musil.

Hier ist zunächst unerläßlich, etwas zu sagen über den sonderbaren Status, den bestimmte Arten von moderner Kunst in jenem Lande besaßen, das einstmals Deutsche Demokratische Republik geheißen hat.

Dort wurden über mehr als zwei Jahrzehnte hinweg alle ästhetischen Maßstäbe aus dem 19. Jahrhundert bezogen. Avantgardistische Malerei war ebenso verpönt wie, in der Belletristik, der innere Monolog und die düstere Parabelwelt von Franz Kafka: Dies alles galt als spätbürgerlich, als dekadent, und wer sich daran erfreute, war des ideologischen Klassenverrats verdächtig, was eine Krankheit bedeutete zum politischen Tod. Robert Musil hatte so ungeheuerliche Dinge wie den Geschwisterinzest thematisiert und formal die höchst unkonventionelle Vermischung des herkömmlichen Romans mit dem Essay betrieben. Er war wenigstens so verabscheuungswürdig wie Kafka und Joyce.

Ausgerechnet in diesen Robert Musil hatte ich mich intellektuell verliebt. Ich wollte zunächst bloß eine germanistische Dissertation über ihn verfassen, was aber mißlang, da mein potentieller Doktorvater es eines Tages vorzog, statt in Leipzig in Hannover und Tübingen zu lehren. In einem Anfall von zähneknirschendem Trotz beschloß ich jetzt, Robert Musil in der DDR durchzusetzen.

Das Verfahren war tollkühn. Jahrelang erlebte ich nichts als Kopfschütteln. Es brauchte schon die Schlampereien des allmählich erodierenden Spät-Stalinismus, daß von Joyce und Kafka, der abstrakten Malerei und dem inneren Monolog der grundsätzliche Bannfluch genommen wurde, womit dann auch Robert Musil in ein etwas milderes ästhetisches Licht rückte. Mir gelang es, einen DDR-Verlag von meinem Plan zu überzeugen, und ich veranstaltete im folgenden eine Robert-Musil-Ausgabe, mehrere hübsch ausgestattete Bände. Ich schrieb noch eine kleine Monographie, als separates Büchlein, und die Sache kam auf den Markt.

Es waren die frühen siebziger Jahre. Die DDR wurde gerade allseits politisch anerkannt. Auch die Republik Österreich unterhielt seit neuestem in Ost-Berlin eine Botschaft. Der erste Wiener Missionschef war ein hochgescheiter und überaus rühriger Mann, der sich für die schönen Künste interessierte: unter anderem, weil dies seine berufliche Pflicht war. Die ostdeutsche Edition eines wichtigen Erzählers der klassischen österreichischen Moderne erregte seine Aufmerksamkeit. Er erbat sich von mir ein Exemplar der Ausgabe, ließ es durch mich signieren und schickte es nach Wien, an den Ballhausplatz, zu Händen seines Regierungschefs, der, was er wußte, seinerseits an Robert Musil innigst interessiert war.

Der, so stelle ich mir vor, besah sich die Ausgabe mit patriotischem Wohlgefallen. Die zugehörige Monographie las er. Offensichtlich fühlte er sich von ihr angetan, und so geschah, daß ich eines unvermuteten Tages Post aus dem österreichischen Bundeskanzleramt erhielt.

Die Sache schmeichelte mir außerordentlich. Ich setzte mich hin und verfaßte eine Antwort. Mein loser Kontakt mit dem österreichischen Regierungschef sollte bald sehr viel enger werden, und dies hatte abermals mit einem Literaten zu tun, diesmal einem deutschen, einem lebenden, und der Name lautete Wolf Biermann.

Wie erinnerlich, war er ein Verfasser von aufsässigen politischen Liedern, die den Herrschenden des damaligen Staates DDR derart auf die Nerven gingen, daß sie eines Tages beschlossen, ihn der Bürgerrechte zu entkleiden und außer Landes zu tun. Nicht nur wegen der peinlichen Parallelen zur politischen Vergangenheit unter Hitler beschlossen daraufhin zwölf andere Autoren des Landes, einen Protest gegen jene Maßnahme zu verfassen und öffentlich zu machen. Die Sache erregte ein beträchtliches Aufsehen, denn dergleichen war vorher noch niemals passiert. Die Herrschenden empfanden die Sache als eine politische Herausforderung und würden sich wehren.

Einer von den zwölf Autoren war ich. Ein paar Wochen lang lebte ich in einer strapazierenden Atmosphäre der hitzigen Diskussionen, der Selbstzweifel, der Verdächtigungen und der bohrenden Ängste. Man stellte mir Aufpasser vor die Tür. Man ließ sich gehässig gegenüber meinen Kindern aus. Da erreichte mich ein freundlicher Brief vom österreichischen Bundeskanzler, des Inhalts, ich möchte, wenn mir danach zumute sei, und möglichst gemeinsam mit meiner Familie, sein Land besuchen, damit wir einander persönlich kennenlernten. Die Botschaft Österreichs in der DDR sei angewiesen, mir bei der Sache behilflich zu sein.

Ich begab mich umgehend zu den für solche Angelegenheiten zuständigen Behörden der DDR. Ich erlebte es, wie Briefkopf und Signatur des Kanzlers eine Devotheit erzeugten, die beinahe schon widerlich war. Als ich dann die Reisepässe entgegennahm, bat man mich, daß ich nach meiner Ankunft in Wien bei der dortigen DDR-Botschaft vorspräche.

Dies tat ich. Der amtierende Missionschef erwies sich als Mensch von etwas zappelnder Weltläufigkeit und schrill sächsischem Akzent. Er fütterte mich mit niederösterreichischem Landwein, zuckte nervös mit der Schulter und kam mit einer sonderbaren Bitte heraus. Für ihn selbst sei es aus mancherlei Gründen derzeit schwierig, einen Termin bei Kreisky zu bekommen. Nun habe man Kenntnis, der österreichische Regierungschef gedenke demnächst in die DDR zu fahren. Ich sollte zu eruieren versuchen, was es mit dieser Absicht auf sich habe und wann gegebenenfalls der Termin sei.

Ich fand das Ansinnen komisch. Ausgerechnet ich, ein Literat und windiger Bruder mit dem Ludergeruch des politischen Dissidenten, sollte eine vertrauliche diplomatische Mission wahrnehmen für das Land, aus dem ich kam? Andererseits konnte ich an dem Ansinnen nichts Ehrenrühriges entdecken, und also sagte ich zu.

Der Missionschef atmete durch. Er ließ neuen Wein kommen.

Und dann ging ich eines Nachmittages zum Kanzleramt. Ich parkte meinen Wagen neben dem Volksgarten. Ich durchschritt das Tor. Bürger eines Staates, wo noch in den entlegensten Provinzstädten jede halbwegs offizielle Dienststelle von einem Riegel bärbeißiger Polizeikräfte gesichert wurde, erschien mir der legere Stil, der mich am Ballhausplatz empfing, ebenso überraschend wie angenehm. Ich nannte meinen Namen und sagte mein Begehr. Der Mann im Eingang telefonierte kurz, dann wies er mich in das Stiegenhaus.

Auf halber Treppe kam mir ein Referent entgegen, stellte sich vor und brachte mich an das Zimmer des Kanzlers. Ich öffnete die Tür, und da also war ich.

Ich befand mich in einem Raume, wo über mehrere Jahrhunderte hinweg österreichische Politik exekutiert worden war. Der gegenwärtige Amtsinhaber würde nicht versäumen, mich darauf aufmerksam zu machen. Auf dem Platz, wo er saß, hatten vor ihm schon die Kanzler Kaunitz und Metternich gesessen, unter anderem. Österreich war einmal ein Weltreich gewesen. Dies bedenkend, erschien mir das Kabinett, aus dem heraus es regiert worden war, von auffälliger Bescheidenheit.

Wir redeten auch darüber, über das ehemalige Weltreich. Er sagte mir, wie er mit zunehmendem Alter sogar einen gewissen Respekt vor dem Kaiser Franz Joseph entwickle. Das verstand ich nun gar nicht. Für mich hatten sich in dieser monarchischen Person sämtliche Untugenden der Habsburgersippe versammelt: mit dem folgerichtigen Ergebnis, daß durch ihn das österreichische Weltreich völlig zugrunde gerichtet wurde, unter Zuhilfenahme des gesamten Kontinents Europa, und das war eine Leistung, die man nicht gut honorieren konnte.

Natürlich wußte ich auch von der sonderbaren und nur als lustvolle Selbstquälerei verständlichen Fixation der modernen Österreicher an diese Vater-Imago, und so erstaunte mich nur, wie auch der kluge, linke Kreisky daran teilnahm. Die Gründe begreife ich inzwischen. Es handelte sich um die Identifikation mit seinen Österreichern. Denn er liebte sie, aus tiefer Überzeugung, er war Spitzenpolitiker geworden nicht aus einem erotischen Verhältnis zu Macht, sondern aus Passion für dieses Land.

Ich stellte ihm gehorsam die Frage, wie er es denn halte mit einer möglichen Reise in die DDR. Jaja, sagte er und sagte, er sei der Meinung, er würde im Frühjahr 1977 das kleinere Deutschland aufsuchen. Danach redeten wir dann wieder über die Welt und über Österreich. Die Auskunft betreffend den Staatsbesuch gab ich hernach weiter an meinen Botschafter. Der Diplomat war sichtlich beschwingt und orderte Champagner.

Der Staatsbesuch fand statt zum vorgesehenen Termin. Er war die erste einschlägige Gebärde eines nichtkommunistischen Spitzenpolitikers zugunsten der DDR.

Das dortige Establishment glaubte, nunmehr sei der Sprung in die weltweite diplomatische Reputation geglückt, und wähnte sich fortan im Zustand einer unerschütterlichen Stabilität, ohne zu sehen, daß nicht außenpolitisches Ansehen, sondern innenpolitische Legitimation die Stabilität eines Landes macht. Es hielt an diesem fahrlässigen Irrtum fest, bis ihm, Herbst '89, die desolate Wirklichkeit um die Ohren schlug.

Mich hatte die Nachricht erreicht, der Kanzler würde sich freuen, während seines Aufenthaltes in Berlin gemeinsam mit mir zu frühstücken. Also brach ich eines Vormittages auf, um nach Niederschönhausen zu fahren.

Dort steht, in einem ausgedehnten Parkgarten, ein schlichtes Barockschloß, neben das noch ein reichlich phantasielos gebautes Hotel gesetzt wurde. Es diente als Gästehaus für hohe ausländische Besucher, während das Schloß der Aufenthaltsort für fremde Staatsoberhäupter war. Einst wohnte hier eine preußische Königin: die Gattin jenes Fridericus Rex, der, statt sich den Wonnen des Ehelebens zu ergeben, von denen er grundsätzlich nichts hielt, das Österreich seiner Kaiserin Maria Theresia gleich dreimal mit Krieg überzog, um Schlesien in preußischen Besitz zu nehmen.

Ich kam mit dem Wagen. Ich stellte ihn ab nahe der Mauer, die den Park umgibt. Wachhabende musterten mich. Ich wollte ihnen meinen Ausweis vorzeigen. Sie schienen nicht nur die Nachricht über mein Erscheinen, sie schienen auch mein Konterfei zu kennen. Mit steifen Gebärden winkten sie mich weiter.

Dreimal durchlief ich einen solchen Check, dann stand ich unterm Eingang des Gästehauses. Österreichs Nationalfahne wehte vom Dach. Neben der Tür bewegten sich irgendwelche DDR-Offizielle in dunklen Anzügen. Ich durchschritt den Eingang. Der österreichische Botschafter drückte mir die Hand und brachte mich in den Speisesaal. Eine Glastür schloß sich, und ich befand mich in Wien.

Nämlich, ich war umgeben von lauter Österreichern. Ich hörte ihren Sprachklang, ich freute mich ihrer milden Zynismen, ich erblickte verschiedene ihrer amtierenden Minister, darunter den Premier. Mir war, der bleierne preußische Himmel über Berlin würde etwas lichter. Bruno Kreisky zog mich neben sich an eine lange Tafel, wir begannen zu speisen.

Ich hatte Fragen zu beantworten nach dieser und jener Einzelheit. Der Kanzler erzählte mir von einem offiziellen Essen, das er den Tag davor mit dem DDR-Ministerpräsidenten gehabt und wo Herr Stoph, wie nebenher, die Bemerkung gemacht hatte, die Ausbürgerung des Liedermachers Biermann sei wohl doch eher ein Fehler gewesen. Hätte Herr Stoph diese Einsicht früher gehabt, dachte ich erbittert, nämlich noch ehe er die verhängnisvolle Entscheidung getroffen, hätte er sich und uns viel Kummer ersparen können.

Die Kellner servierten Lachs und kalten Aufschnitt. Übrigens waren sie die einzigen DDR-Menschen im Raume außer mir. Als ich einmal von meinem Teller aufblickte, entdeckte ich hinter der Glasscheibe der Tür zum Speisesaal meinen Außenminister. Er wartete. Er starrte herüber zu der Tafel, von der er ausgeschlossen war, im Gegensatz zu mir. Dieser Umstand schien ihn zu verdrießen. Bruno Kreisky redete jetzt über soziale Gesinnung.

Denn damals regierte in Bonn Helmut Schmidt, der für Bruno Kreisky ein Mann des forschen Auftretens und der protestantischen Tüchtigkeit war. Helmut Schmidt, grantelte Bruno Kreisky, handle aus sonderbarer sozialer Motivation. Arbeitslosigkeit beschwere ihn offenbar nicht, sofern nur die Wirtschaft funktioniere. Das Wort Arbeiter gerate ihm schon gar nicht in den Mund. Mit seiner, Bruno Kreiskys, Vision von sozialistischer Politik vertrug sich das alles nicht.

Dies war nicht nur so daher gesagt. Es hatte mit Bruno Kreiskys tiefinnerlicher Überzeugung zu tun und seiner Art, Politik zu betreiben. Man hat ihn oft als eine fast selbstherrliche Figur beschrieben, die ihre außerordentlichen Talente bloß um der Selbstfeier willen mobilisiere. Bekanntestes Zeichen waren jene Karikaturen, die ihn als Sonnenkönig zeigten.

Nun hatte er wohl tatsächlich, wie alle erfolgreichen Politiker, ein gesundes Verhältnis zur Macht. Einer seiner Lehrmeister, der bedeutende Otto Bauer, Österreichs Sozialistenführer in der ersten Republik, ist unter anderem daran gescheitert, daß er keinerlei Machtinstinkt besaß und höchste Kontrollinstanz für ihn immer bloß die Moral war. Sein Austromarxismus durfte als die radikalste und unbestechlichste Kraft in der seinerzeitigen Sozialistischen Internationale gelten. Außer dem bemerkenswerten Umstand, daß es ihm gelang, die Kommunistische Partei im Land immer bloß im minimalistischen Zustand einer Sekte zu halten, wurde das erheblichste Ergebnis seiner Politik der Bürgerkrieg.

Bruno Kreiskys Regiment an der Spitze der SPÖ bedeutete eine Abkehr von der ideologischen Radikalität und eine Hinwendung zum Pragmatismus. Er beendete den jakobinischen Schneid in der Partei, der so hochfahrend wie gnadenlos war. Es wurde Platz geschaffen für jenes Klima der Hinwendung, das sich, freilich, freilich, als Korruption materialisieren konnte. Die Geschichte der SPÖ in den letzten 25 Jahren ist auch eine Geschichte der Affären gewesen, aber vor allem ist sie eine Geschichte der Erfolge. Sie äußern sich in wirtschaftlichen, in sozialen, in außenpolitischen Daten, und sie wurden großenteils durch Bruno Kreisky inspiriert.

Er war ein überaus menschlicher Mensch, Kauziges und Sonderbares immer eingeschlossen. Seine beträchtliche Intelligenz äußerte sich nicht durch Brillanz, sondern in einer gelegentlich schon barocken Bedächtigkeit. Der Schritt des jüdischen Großbürgerkindes in die Arbeiterbewegung verstand sich weder als gesellschaftliches Abenteuer noch als ein versuchter Vatermord, er geschah aus Erschütterung über die materielle Elendssituation des österreichischen Proletariats.

Österreichs Übergang in eine Wohlstandsgesellschaft mit sozialem Regelwerk vollzog sich unter seiner Ägide. Auch die zunehmende Versöhnung der beiden seit 1927 und 1934 tief verfeindeten politischen Lager im Land ist vornehmlich sein Werk. Dies hatte alles nichts mit Opportunismus zu tun, sondern mit Nachsicht, mit Verzeihenkönnen und mit Güte.

Nur so ist auch die Unterstützung zu begreifen, die

er Intellektuellen aus den autoritär regierten kommunistischen Ländern Osteuropas zukommen ließ und von denen ich nur einer unter mehreren war. Vor allem meine Kollegen Kohout und Havel, überhaupt die Angehörigen der Bürgerrechtsbewegung Charta 77 aus der Tschechoslowakei, Heimat seiner Familie, durften seiner nachdrücklichen Unterstützung sicher sein. Es half ihnen, zu überdauern.

Damals, bei seinem Staatsbesuch in der DDR, geschah noch, daß er einen Ausflug durch Ostberlin unternahm. Ich erlebte den Aufbruch. Eine Eskorte von Polizeiwagen, attachiert durch ein Rotkreuz-Fahrzeug, setzte sich in Bewegung. Es folgten Limousinen mit den Mitgliedern der österreichischen Delegation. Am Ende fuhr ein Omnibus mit den reichlich vertretenen Presseleuten.

Er begab sich, *homme de lettre*, der er war, in die größte Ostberliner Buchhandlung, die nach Karl Marx hieß. Er stellte sich vor die Regale und verlangte nach einem Buch von Rolf Schneider. Es war auch eines da. Man hatte vorgesorgt. Als sein Troß dann gleichfalls einen Schneider kaufen wollte, war keiner mehr da. Man hatte nicht genügend vorgesorgt.

Denn Dissidenten wurden in der DDR mit Buchauflagen nicht verwöhnt. In den kommenden zwei Jahren sollte sich mein Konflikt mit dem Staat dann noch weiter verschärfen, daß es schließlich zu allerlei schmerzlichen Aktionen kam und man mich mit Schimpf aus dem Berufsverband dortiger Schriftsteller stieß. Dies geschah im Frühsommer 1979. Ich besaß gerade eine Einladung, bei den Wiener Festwochen aufzutreten. Die DDR-Behörden verweigerten mir das erforderliche Ausreisevisum. Da wurde der Wiener DDR-Botschafter ins Außenministerium am Ballhausplatz zitiert, um ein offizielles Befremden zu vernehmen. Die DDR hatte in den internationalen Zeitungen ein paar negative Schlagzeilen mehr.

Wir haben uns dann, Bruno Kreisky und ich, später immer wieder einmal gesehen, meistens flüchtig. Der gemeinsame Plan, daß wir zusammen ein langes Gespräch für das westdeutsche Fernsehen führen, ist nie zustande gekommen, die Sache verschob sich, bis er zu krank geworden war für solche Unternehmungen.

Aus naheliegenden Gründen erinnere ich mich an sein Auftreten bei der Beerdigung des Schriftstellers Friedrich Torberg. Er hielt dort die von allen Reden kürzeste, und es wurde jene, die mich am meisten bewegte. Sie begann mit den denkwürdigen Worten: »Ich war mit Friedrich Torberg oft nicht einer Meinung.« Sie erwähnte, tadelnd und triumphierend, daß es die zuständigen Instanzen der Republik Österreich eben noch fertig gebracht hätten, den Großen Staatspreis für Literatur an Friedrich Torberg zu vergeben. Sie schloß mit den Worten: »Schalom, Friedrich Torberg.«

Der tote Schriftsteller ruht auf der ersten Abteilung des Wiener Zentralfriedhofs. Statt des naßkalten Winters von damals gab es Anfang August 1990 einen glühenden balkanischen Sommer. An Trauergästen erschienen diesmal noch sehr viel mehr. Wieder ist es sehr melancholisch zugegangen und sehr feierlich.

Schalom, Bruno Kreisky.

Abreise '93

Das erste (nach damaligem DDR-Sprachgebrauch) nichtsozialistische Ausland, in das ich je reisen durfte, war die Republik Österreich. Sie zeigte mir alle Annehmlichkeiten einer modernen Demokratie, wie Meinungspluralismus, Warenüberfluß, Freizügigkeit, und außerdem besaß sie ein paar jener bescheidenen Vorzüge, die es in der DDR gab: sie war in Macht und Ausdehnung klein. Sie konnte außenpolitisch nicht gefährlich werden. Sie hatte enge Berührungen mit der slawischen Welt.

Ich war später noch häufig Gast in Österreich. Mehr und mehr erschien mir das Land wie eine angenehme geschichtliche Alternative zur alten Bundesrepublik Deutschland. Als die DDR-staatlich verfügten Schikanen wider meine Person unerträglich zu werden begannen, Ende der siebziger Jahre, und ich gelegentlich darüber nachzudenken hatte, ob ich meine Koffer packen sollte, sah ich mich immer auf dem Flughafen Wien-Schwechat ankommen. Die Sache war um so verführerischer, als die drei prominenten Österreicher Hans Weigel, Friedrich Torberg und Bruno Kreisky mir beharrlich zusetzten, den ostdeutschen Bettel doch endlich hinzuwerfen. Derart war es von einer gewissen hinterhältigen Logik, daß ich den Abend des 9. November 1989 ausgerechnet in einem Wiener Hotelzimmer verbrachte.

Seither vergingen drei Jahre. Ich mußte wahrhaben, daß zu den Verlierern des Kalten Krieges auch die zweite Republik Österreich gehörte, irgendwie. Die deutsche Wiedervereinigung und der daraus entstandene Staatskoloß haben das kleine Alpenland marginalisiert. Die neutrale Drehscheibe am Eisernen Vorhang wird nicht mehr benötigt. Die in Jalta und Potsdam verfügte Spaltung Europas ist, wie man weiß, ziemlich vorüber.

Vierzig Jahre lang hatte Österreich von den Zuständen der politischen Teilung unseres Kontinents deutlich profitiert, politisch wie wirtschaftlich.

Ich erinnere mich meines ersten Besuches in Wien. Die durch Operette und Filme kitschig verklärte Stadt offenbarte sich unter der mitleidlosen Sonne der Wirklichkeit als ein arges Drecknest. Seine Architekturen wurden begraben von Taubenmist. In seinen Straßen bewegten sich böse, verhärmte Leute. Ich betrat eingedunkelte Wohnhöhlen von unendlicher Ausdehnung, es hausten verarmte Aristokraten darin, umgeben von Kunst und Tinnef, und greinten den Köstlichkeiten der untergegangenen Donaumonarchie hinterdrein. Als intakteste Plätze dieser nekrophilen Stadt erwiesen sich die Friedhöfe.

Winter 1993. Ich bin zwei Jahre lang nicht in Wien gewesen. Die Stadt scheint noch wohlhabender geworden und noch luxuriöser, es gibt dies betreffend keinen sichtbaren Unterschied mehr zu Mailand, Stockholm, Paris und nur wenig zu München oder Hamburg. Die Kärtner Straße habe ich noch als schmuddeligen Verkehrsweg erlebt und als nächtliches Revier von Edelhuren. Längst ist, nach allerlei modischen Mutationen, eine angenehme Flanier- und Einkaufsmeile aus ihr geworden. Den Vergleich mit der Zürcher Bahnhofsstraße hält sie mühelos aus, dem Berliner Kurfürstendamm ist sie deutlich überlegen.

Seit Jahrzehnten werden die Wiener Architekturen restauriert, die idiomatische Wendung dafür lautet: revitalisieren. Fassaden treten ins helle Licht, die von einer betäubenden Anmut sind. Es gibt nicht viele Städte, die eine solche Massierung begnadeter Baumeister vorweisen können, von Hildebrandt und Fischer von Erlach über Kornhäusel und Semper bis zu Wagner, Hoffmann, Loos, Olbrich. Ihre Produktionen stehen eng beieinander, manchmal fast übereinander, wie am Tiefen Graben, und wenn Föhnhimmel die Stadt überspannt und die Mauern zu leuchten beginnen, erscheint Wien von einer geradezu magischen Schönheit.

Wiens jüngster Stararchitekt trägt den Namen Hans Hollein. Er hat das jetzige Haashaus am Stock-im-Eisen-Platz entworfen, gegenüber dem Stephansdom. Philipp Haas, Teppichhändler, war Besitzer des allerersten städtischen Warenhauses. Es befand sich genau an diesem Standort und vermachte seinen Namen allen baulichen Nachfolgern, deren es dann etliche gab. Hans Hollein ist ein Mann der Postmoderne, und was er hier entwarf, wurde eine mittlere Scheußlichkeit: ein riesiger Runderker, dessen beschichtetes Fensterglas die Bischofskirche spiegelt, dazu ein paar konstruktivistische Zitate und eine Art von hängendem Weihnachtsbaumschmuck.

Hollein hat außerdem den Michaelerplatz vor der Hofburg behandelt. Einige römische Grundmauern wurden in eine gitterbewehrte Grube getan, die von Ferne aussieht wie ein Schwimmbecken. Hollein wußte anderswo, etwa in Mönchengladbach und Frankfurt am Main, höchst achtbare Architekturen zu erzeugen. Wieso er ausgerechnet in seiner Heimatstadt so danebengriff, läßt sich nur psychoanalytisch erklären.

Was aber wurde aus der einstigen Drehscheibe im ost-westlichen Warenhandel? Die Mariahilferstraße, 6. Wiener Gemeindebezirk, befand sich während der späten achtziger Jahre fest in ungarischer Hand. Ein steter

Strom von Magyaren pulsierte in ihr, um sich mit Computern, Jeans und Unterhaltungselektronik zu versorgen. Die Geschäfte trugen ungarische Aufschriften, und in den Seitenstraßen parkten Omnibusse aus Budapest.

Ich bin die Straße jetzt entlanggegangen. Ich konnte gerade eine einzige magyarische Mitteilung entdecken, neben vielem Englisch und Italienisch. Die Mariahilferstraße ist wieder, was sie schon vor hundert Jahren war: die längste Geschäftszeile von Wien und jene mit den meisten Warenhäusern.

Der 2. Wiener Gemeindebezirk trägt den Namen Leopoldstadt. Er ist ein plebejisches Quartier. Vor 1938 nahmen traditionell die aus Galizien eingewanderten Israeliten in ihm ihre Wohnung. Während seiner fünf Wiener Jahre ist auch ein verwirrter Mensch namens Adolf Hitler hier umhergelaufen, um sich mit antisemitischen Ekelgefühlen aufzuladen.

In der Leopoldstadt befindet sich der Prater samt Praterstadion und weltberühmtem Riesenrad. Die Donau hat zur Leopoldstadt hin einen Hafen. Die Matrosen angelegter Schiffe nehmen ihren Landgang, so war das auch in realsozialistischer Zeit. Sowjetrussische und rumänische Fahrensleute trugen ihre Lei und Rubel in die Wechselstube. *Gdje Mexikoplatz* war damals eine immerfort vernehmliche Frage, wobei der Ortsname sich nicht etwa dem Bruder des Kaisers Franz Joseph verdankte, Maximilian, der bekanntlich Herrscher in Mexiko wurde, sondern dem Umstand, daß im Jahre 1938 die Republik Mexiko das buchstäblich einzige Land in der Welt blieb, das die Annexion Österreichs durch Adolf Hitler politisch nicht anerkennen wollte.

Ich lasse mich mit einem Taxi bringen. Kaum daß er die Adresse vernommen hat, beginnt der Fahrer über die russischen Juden zu schimpfen. Sie betrieben am

Mexikoplatz ihren schwarzen Markt und zahlten überhaupt keine Steuern, aber bitte, der Herr, i hab natürlich nix gegen die Juden, nicht daß Sie vielleicht denken.

Ich steige aus. Die Gegend ist von atemberaubender Häßlichkeit. Früher herrschte hier das Gewühl vieler feilschender Menschen, über denen, wie eine Wolke, die Gerüche und Geräusche des Balkan hingen. Heute gibt es, eingeschmiegt in eine betonierte Hochbahnkurve, eine leere ungepflegte Grünfläche voller Hundeexkrement.

Die Kirche ist ein Gemäuer aus der Gründerzeit. Sie hält wegen Baufälligkeit gesperrt. Ich treffe keinen einzigen russischen Juden. Ich sehe ein paar frierende Türken und Sinti. Die Läden sind ohne Publikum, in ihren Schaufenstern liegen massenhaft Billigtextilien und Wegwerfarmbanduhren aus Fernost. Die Luft ist kalt, und die Stimmung ist trostlos.

Die Zeit des einstigen Ost-West-Handels ist gründlich vorbei. Das gilt in vielerlei Beziehung, deren eine durch die Kommunistische Partei Österreichs wahrgenommen wurde. Spätestens nach dem Ende des Prager Frühlings zur Sekte geschrumpft, war sie wirtschaftlich ein Gigant, vermöge der Genossin Rudolfine Steindling. Sie darf als ein weiblich-österreichischer Schalck-Golodkowski gelten, denn sie makelte Geschäfte zwischen österreichischen Firmen und dem Ostblock, wofür sie Provisionen einstrich, die sie in die Kasse der KPÖ tat. Umgekehrt besorgte sie für Alexander Schalck-Golodkowskis Firma KoKo die Geldwäsche, jedenfalls nach der Meinung von Staatsanwälten am Berliner Kammergericht. Um Finny Steindlings millionenschwere Konten bei Kreditinstituten in Österreich und in der Schweiz herrscht deswegen seit längerem juristisches Gezänk.

Aus den Hallen der Wiener Nobelhotels sind die Yuppies verschwunden. Sie waren unerträgliche Figuren. Dickes Goldkettchen am Handgelenk und langhaarige Gefährtin im Arm, hockten sie im dämmerigen Kunstlicht, hinter ihrem Campari, zuckten unter den Rhythmen eines Barpianisten und sahen immer nur wie Edelzuhälter aus. Jetzt hetzen sie womöglich ihren geplatzten Krediten hinterdrein.

Der Wiener Seelenarzt Sigmund Freud behauptete eine heimliche Identität zwischen Geld und der menschlichen Ausscheidung. Die Fixierung ans Monetäre war ihm ein Ausweis für Infantilismus. Solche Deutungen konnten bloß entstehen in einem Land, das dem Geldverdienen etwas Unanständiges anheftete, weil wahrer Reichtum eben da ist, als ererbte Länderei, als selbstverständlicher Anspruch, verbürgt durch die ins Taschentuch zierlich eingestickte Krone.

Das heutige Österreich läßt sich nicht verstehen ohne seine eigentümliche Geschichte. Bis zum Jahre 1918 ist die Österreichisch-Ungarische Monarchie eine Großmacht gewesen, der zweitgrößte Staat in Europa nach dem zaristischen Rußland. Die deutschen Kronländer stellten darin weniger als ein Viertel der Fläche und der Gesamtbevölkerung.

Politische Hegemonialschicht war der Hochadel. Ausweislich Namen wie Lobkowitz, Pálffy, Pallavicini und Esterházy war er zumeist nichtdeutschen Geblüts. Seine wirtschaftliche Macht bezog er aus seinem riesigen Latifundialbesitz. Eine moderne Industrie kam nur schleppend voran, noch am weitesten war sie in Nordböhmen gediehen, also auf überwiegend nichtdeutschem Gebiet. Fabrik und Handel, Bourgeoisie und Bürgerkultur blieben fast ausschließlich die Sache einer emanzipierten Judenheit.

Die Republik entstand im Ergebnis des von Österreich gewollten und verlorenen Ersten Weltkriegs. Die nichtdeutschen Kronländer waren dahin, aus Österreich wurde ein wirtschaftlich und sozial schwerkranker Kleinstaat mit einer viel zu groß geratenen Hauptstadt. Man taumelte von einer Krise zur nächsten, brachte Barrikaden und Bürgerkrieg hinter sich, erlebte erst eine hauseigene Diktatur, die von Dollfuß und Schuschnigg, danach eine großdeutsche, die vom einstigen Landsmann Adolf Hitler.

1945 begann die zweite Republik. Der sieben Jahre zuvor vom Staatsvolk noch laut bejubelte Anschluß wurde jetzt zum politischen Opfergang umstilisiert. Österreichs Nazis erfuhren eine ähnlich milde Behandlung wie die westdeutschen nach Beginn des Kalten Kriegs.

25 Jahre regierten Große Koalitionen. Der Staatsvertrag brachte die Erklärung einer immerwährenden Neutralität. 1970 errang der Sozialist Bruno Kreisky die absolute Mehrheit, und die dreizehn Goldenen Jahre der zweiten Republik fingen an.

Die fürchterliche Armut in Wiens Plebejerbezirken, in der Nordsteiermark, im Mühl- und im Waldviertel verschwand. Die durch das Auslöschen der altösterreichischen Judenheit völlig vernichtete Bourgeoisie regenerierte sich: freilich mit sämtlichen Unarten einer *nouvelle richesse*. Österreich wurde ein stabiler Sozialstaat. Die Industrialisierung kam voran. Der Tourismus blühte auf. Dem Land wuchsen ein eigenes Nationalgefühl und ein autochthones Selbstbewußtsein zu, gestützt zumal auf das außenpolitische Ansehen, das Bruno Kreisky einfuhr.

Alles vorbei. Sechs Jahre der Bundespräsidentschaft Kurt Waldheims haben das Land, das inzwischen so sehr auf seine internationalen Verbindungen angewiesen war, in eine bedrohliche Isolierung getrieben. Der

Präsident, der sich so schlecht erinnern konnte, ist abgetreten. Sein Nachfolger Klestil machte eine ausgezeichnete Figur, bis er sich eine dumme Eheaffaire erlaubte, was außerhalb der Grenzen aber sowieso kaum jemand zur Kenntnis nimmt, denn dort trägt der bekannteste lebende Österreicher längst den Namen Jörg Haider, und die Folgen sind nicht minder fatal als bei Waldheim.

Jörg Haider ist Chef der Freiheitlichen. Sie gelten als liberale Partei, aber das sind sie kaum und sind es nie gewesen. Die deutsche FDP steht in der Nachfolge von DDP und DVP, den liberalen Parteien aus Weimarer Zeit. Die FPÖ kommt aus der Tradition der Deutschnationalen des Ritters Georg von Schönerer, eines wüsten Antisemiten, den auch Hitler sehr bewundert hat. Liberalismus war im alten Österreich ein jüdisches Privileg, die Endstationen hießen Brooklyn und Auschwitz.

Bis zu Beginn der achtziger Jahre waren die Freiheitlichen ein vor sich hinkümmernder Verein alter Nazis. Dann kam Haider. Ausgestattet mit dem Charisma eines alpinen Skilehrers, konnte er alle heimlichen und offenen Vorurteile der österreichischen Kleinbürgerseele wecken, bündeln und zu seiner populistischen Sache machen. Den gemeinösterreichischen Verdacht, man begebe sich in die Politik einzig zum Zweck der persönlichen Bereicherung, kann er mühelos widerlegen durch das große Privatvermögen, das er besitzt. Er hätschelt einstige Großmachtnostalgien und besänftigt das nationale Gemüt betreffend die frühere Teilhabe an der Hitlerei. Er kitzelt den altösterreichischen Antisemitismus und befeuert die Fremdenfurcht. Er ist ein gerissener Demagoge und führte seine FPÖ von Erfolg zu Erfolg.

Im ärmeren Teil des großen Bundeslandes Niederösterreich passieren täglich slowakische Männer die Grenze und begeben sich auf den Arbeitsmarkt, bis hin nach Wien. Als (illegale) Bauarbeiter, die keine Sozialabgaben und keine Steuern kosten, außerdem weit unter Tarif bezahlt werden, sind sie bei Unternehmern begehrt. Slowakische Frauen arbeiten zu Dumpinglöhnen in niederösterreichischen und Wiener Textilfabriken. Die heimischen Arbeitnehmer, die verdrängt werden, liefern für Haiders Ausländerkampagne die Argumente, unter anderem.

Österreich hat 1956 die Flüchtlingsströme aus Ungarn bewältigt. Es hat 1968 die politischen Emigranten aus der ČSSR aufgenommen. Seit zwanzig Jahren erlebt es eine ständige Einwanderung aus Polen, aus der Ukraine, aus Rußland. Zu den Betroffenen des 1992 ausgebrochenen jugoslawischen Bürgerkriegs unterhält das Land, dessen Bürger Familiennamen wie Globotschnigg, Preradovic, Slatkonia und Sinowatz tragen, die engsten Kontakte. In Kärnten wird slowenisch, im Burgenland wird ungarisch und kroatisch gesprochen. Das Dienstleistungspersonal besteht zu großen Teilen aus Anatoliern und Südostasiaten. Für die Exportnation und Tourismus-Großmacht Österreich wäre flächendeckende Ausländerfeindlichkeit gleichbedeutend mit dem wirtschaftlichen Selbstmord.

Die Leute wissen das. Es hat in Österreich kein Mölln gegeben und kein Rostock-Lichtenhagen. Der Anschlag auf das jüdische Gemeindezentrum in Wien, vor ein paar Jahren, war die Tat arabischer Terroristen. Man sieht keine Skinheads, und mehr als ein Fünftel der Wählerschaft kann derzeit auch Jörg Haider nicht erreichen. Die Idee der Lichterketten gelangte inzwischen bis nach Wien, und da der Importeur André Heller hieß, mußte es gleich ein Lichtermeer werden.

Freilich: Sechzig Prozent aller demoskopisch befragten Jugendlichen in Österreich unter 15 Jahren äußern sich derzeit fremdenfeindlich. Ein Bekannter sagte mir: Die Glatzen wachsen bei uns nach innen. Wer sich in Wiener Wirtshäuser setzt und das angetrunkene Publikumsgeschwätz beim Heurigen hört, vernimmt immer noch jene ungeniert antisemitischen Sprüche, wie sie in den Stücken Ödön von Horváths stehen.

Es ist Freitag, später Nachmittag. Ich stehe auf der Wiener Rotenturmstraße, nahe dem Lugeck. Ich sehe sie von überallher kommen, aus der Wollzeile, vom Hohen Markt: chassidische Juden in großer Zahl, im langen schwarzen Mantel, Hut auf dem Kopf und Kinder an der Hand, viele Kinder. Ihre Haltung ist sehr aufrecht. Ihre Gesichter zeigen Furchtlosigkeit und Stolz. Seit neuestem nimmt die Stärke der jüdischen Gemeinden in Österreich wieder zu. Ich wünschte sehr, daß es dabei bleibt.

Inhalt